MANUEL
DE LA
VOLONTE

DU MEME AUTEUR

THEORIE

LES 36 SITUATIONS DRAMATIQUES (Société du Mercure de France, 1895 ; nouvelle édition refondue et mise à jour, avec 2 tables, 1912 ; nouvelle édition et de nouveau mise à jour, avec 3 tables, 1924).

L'ART D'INVENTER LES PERSONNAGES (Figuière, 1912). — *Epuisé.*

NOTATION DES GESTES (Savine, 1892). — *Epuisé.*

LA THÉORIE DES TEMPÉRAMENTS (Carré, 1889). — *Epuisé.*

TIMIDITÉ DE SHAKESPEARE (Schleicher, 1900). — *Epuisé.*

THEATRE

LES CUIRS DE BŒUF, *miracle en* XII *vitraux* (Société du Mercure de France, 1898), joué au Théâtre Maubel (Mme Lara, M. de Max, etc.), avec vitraux de MM. Autant, le 22 décembre 1918.

COMPÈRE LE RENARD, *farce* (*Mercure de France*, n[os] des 15 août et 1er septembre 1905 ; *la Vie des Lettres*, septembre et octobre 1920), jouée au Théâtre de la Renaissance (Mme Monval, MM. Boucher, Delphin, etc.), avec masques de Fauconnet, le 6 février 1920.

ROMAN

L'EPHÈBE (Figuière, 1913).

L'EGARÉ (Figuière, 1920).

TRAVAUX NON REUNIS EN VOLUMES

LE MUSÉUM DES PERSONNAGES (*Comœdia*, passim, de 1908 à 1911). CRITIQUE THÉATRALE (*Humanité Nouvelle*, 1900 et 1901). LITTÉRATURE DRAMATIQUE (*Mercure de France*, 1905 à 1910) ; GÉNIOGRAPHIE (même revue, 15 décembre 1906). Et diverses études dans *l'Occident, la Plume, Isis, Flegrea, Poème et Drame, Pan, la Renaissance Contemporaine, le Parthénon, les Loups, la Grande Revue, la Revue de Hollande, le Monde Nouveau, la Vie des Lettres, la Revue de l'Epoque, la Nervie, la Revue Méditerranéenne, etc., etc...*

TRADUCTIONS

SATYROS, de Gœthe (Sansot, 1907) ; HENRI D'OFTERDINGEN, de Novalis (Société du Mercure de France, 1908).

Georges POLTI

MANUEL
DE LA
VOLONTÉ

EDITIONS MONTAIGNE
Fernand Aubier, Editeur
Quai de Conti, n° 13 — Paris (VIe)

De cette édition, il a été tiré vingt-cinq exemplaires sur pur fil, numérotés.

PREMIERE PARTIE

I

EXCITATION A LA VOLONTÉ

Qui n'essaie pas d'être grand est infâme.

De même qu'à la sainteté, tout homme est prédestiné au génie.
D'en étudier les empêchements naisse donc une seconde morale, celle de l'esprit, faute de laquelle nous agonisons !

Pour manifester du génie, peut-être ne nous manque-t-il que de sentir à quel point cela est nécessaire, cela est urgent ?

Oui, tout être a du génie. Mais comme chacun s'entend à l'enterrer !

Donné un individu quelconque, à un moment quelconque de sa vie, est-il possible qu'il devienne un grand homme ? Le jour où un pareil problème se résoudra enfin par l'affirmative, un Evangile des intelligences, elles aussi rachetées, commencera, — et il se lèvera quelle race humaine !

Le cœur a produit sa morale, les sens même ont la leur, annexe, qui est l'immoralité (ou, de son nom de théâtre, hypocritement, l'amoralisme).

Il n'y a que l'intelligence qui ne possède pas encore sa règle et sa loi, qu'oublient les religions, que bousculent ou pervertissent à leur gré les passions et les vices.

Quoi ! n'avez-vous pas senti, dans votre enfance, que, *puisque* vous étiez un génie, capable *évidemment* des plus grandes choses, celles qui dépassaient votre compréhension ou votre courage simplement devaient vous être mal présentées ? Elles avaient tort, et vous ne pouviez, vous, avoir tort.

L'ignorant, la femme, l'homme du peuple s'en tiennent secrètement là.

Aujourd'hui, comprenez donc, — comme eux ! — que l'Enfant est destiné à plus qu'Homère, Newton et le Bouddha, mais qu'on l'asphyxie maladroitement d'anémie ou de pléthore.

Ne vivras-tu pas, chaque jour, au moins un instant d'enthousiasme ?

A ton lever, représente-toi ceci de délicieux : tu as rendez-vous avec l'Esprit, il te veut révéler un secret inconnu jusqu'à ce jour.

GÉA. — Hanté penseur, penseur Antée, n'oublie pas ma brune poitrine. Viens t'y jeter, mon enfant, pour y sangloter et appeler mon lait !

OURANE. — Veux-tu trouver ? Oh ! regarde, regarde-moi qui t'aime et qui n'aspire, de mon milliard et demi de mondes, chère âme, qu'à te féconder.

LE LIVRE, *tout bas.* — Je fus arbre. Allons écouter mes frères verdoyants, tes aînés.

Es-tu las, à la fin, d'être homme ? Deviens une Idée.

Ce par quoi tu souffres, voilà ce que tu reçus la mission spéciale d'étudier et de peindre.

L'art est l'alchimie qui, dans toute laideur, doit découvrir une inédite beauté et, de chaque malheur, extraire un spectacle, cette joie.

Et souviens-toi qu'il y a du rongeur dans le songeur : sans relâche, s'il n'en veut mourir d'inanition, il faut que ses dents s'usent à quelque obstacle...

L'artiste, l'inventeur, déploie un organe de plus que le reste des hommes : fût-il médiocre, il appartient ainsi à une « classe », comme on dit en histoire naturelle... où le plus terne oiseau n'est tout de même plus ni un reptile ni un poisson.

Ou plutôt, voilà l'homme normal (n'en déplaise à Nordau)! aux primitifs ne fallut-il pas un génie perpétuellement créateur rien que pour subsister, désarmés et nus, et s'élever parmi la nature hostile? Et c'est l'héritage de ce génie, monnayé en les commodités de la civilisation, qui a, peu à peu, dispensé le commun des hommes de périr faute d'imagination — et lui a permis de multiplier, hélas! aux dépens de la race aînée, insolemment refoulée à l'écart,... d'où elle s'obstine encore à les sauver.

Plus donc que les mieux réussis des regrattiers ou des pions, double engeance de Chanaan le revendeur, honorez le dernier des ratés. Celui-là n'a pas essayé moins que ses forces!

De ce qu'il faudrait avoir tenté dans sa vie, ne dresseras-tu pas du moins à ton mur le tableau?

Quand les imbéciles ont été contraints, sous le genou de la Gloire, à reconnaître les trois ou quatre maîtres incontestés, dans chaque genre, à leur époque, ils en prennent prétexte pour mépriser le reste de l'art : et ils appellent cela, — *eux!* — « ne pouvoir supporter la médiocrité! »

Quel mépris, non, quel dégoût m'inspire qui dit : « Il y a vingt grands musiciens dans le passé, et cela suffit à mes jouissances »! Quelle horreur je ressens devant le pion avec sa liste des « classiques » (oh! le mot hideux, puant la classe)!... Ah! ça, ces gens-là ne font donc l'amour qu'avec des cadavres?

Aimer le beau, sales « vampires » de cimetières, mais c'est d'abord le sentir s'agiter, inexprimé, en nous aussi désespérément, croyez-le bien, qu'en un Beethoven ou un Michel-Ange, insatisfaits à leur dernière heure ! Les ouvrages faits ne sont que quelques fissures lumineuses à l'immense Muraille. Oh ! il faut frapper sans relâche du pic partout. Tout, presque, reste à dire.

Et sentir bien, comprendre cela, et qu'il en était ainsi pour le maître à la veille de chaque chef-d'œuvre, et qu'il en serait encore de même pour lui après mille ans de production, cela seul est sentir, un peu, à sa façon, le beau, le beau vivant, flamboyant, vivifiant, le Feu central du monde.

Quoi ! ce qu'on a pu accomplir pour tout un peuple en trente années au Japon, ne l'entreprendras-tu pas en trente mois pour toi-même ?

Saint Ambroise. — Quand tu pries Dieu, demande-lui de grandes choses.

— Mais ai-je une mission ? Laissez-moi plutôt dormir mon hébétude... ne me dévoyez pas.

— Oh ! écoute-moi pleurer au fond de toi, écoute ton Dieu qui te supplie, ainsi que dans chaque cœur angoissé, de redevenir son Adam, de devenir son prophète, d'être son apôtre, de rester librement l'Ouvrier de son œuvre !

— Ecrire ?... mais quoi encore ?

— Ne fût-ce, insolvable, que tes remerciements !

...Cette obstination des hommes à ne pas demander à Dieu les bienfaits dont il brûle de les accabler !

Il ne s'agit même pas, notez-le, d'en faire beaucoup plus qu'auparavant : il s'agit modestement, d'en faire, chaque jour, un peu plus ! Si peu que ce soit...

— Bovarysme ! balbutient-ils.
— Eh ! certes : hyperbole, comme à la poésie, comme au projectile, indispensable à tout ce qui veut sous le Ciel porter loin.

Chez la plupart les facultés ne manquent point : mais elles demeurent, elles ont été comme nouées sur elles-mêmes.
On naît fou. On grandit ivre. Et le reste forme un rêve indécis dont on ne se réveille, incomplètement et peu à peu, que pour, effaré, tomber dans l'abîme !

Ils prétendent nous expliquer l'éclosion des Génies parmi les nations et ils ne sauraient seulement nous indiquer à quels traits reconnaître le génie dans ses manifestations à venir. On ne le constate qu'en ses œuvres une fois accomplies. Et encore !... Est-ce que des hommes de valeurs très inégales n'ont pas abouti, en effet, à des résultats presque égaux, tandis que des hommes de même rang intellectuel en fournissaient de mérites bien divers ?

Il semble donc qu'il y ait, ici, *autre chose* que la puissance de l'individu : soit un « don » venu de l'extérieur, une « grâce », une « inspiration », soit je ne sais quelle mystérieuse permission d'agir plus avant que les autres, — une rédemption partielle de l'universelle maladie des volontés.

Trois explications ordinaires à la production du Chef-d'Œuvre : le Don natif du génie (don divin, selon la croyance des Anciens, qui en ont tant produit en si peu de siècles et d'espace géographique), — l'Education avec les circonstances (or, elles apparaissent l'une et les autres favorables à le spécialiser, à lui donner occasion, mais très impuissantes à le créer) ,— enfin, l'Effort opiniâtre, personnel (d'ailleurs *jamais* perdu).

Efforce-toi, du moins !

Le génie suppose une *grande* âme. Mais elle peut ne pas même avoir de talents. Ils existent souvent, en revanche, dans des âmes très mesquines.

Devant la sainte table du travail, quand tu rentres, comme on fait son examen de conscience fais un examen de mémoire.

Nul adulte n'étudie avec fruit que s'il a commencé de produire : chaque pas en cette seconde route entraîne les plus vastes découvertes dans la première. Faire œuvre équivaut pour la pensée à ce que représente le « thème » pour l'étude d'une langue.

Au moral aussi bien qu'au physique, la dépense (exercice, production), rythme et renouvelle et entretient l'appétit, l'assimilation.

Ce que tu peux, tu le dois. Et d'abord savoir, par conséquent, à l'essayer, tout ce que tu peux.

Opiniâtrément songe à ce que tu Voudrais Faire, à ce que tu as Fait, à ce que tu As à Faire, aux Moyens de le Faire, à le Faire.

Ton œuvre, donc tes carnets, voilà exclusivement ce qui est toi.

Penser est chevalerie : que ton livre demeure auprès de toi, dans ton cercueil, telle qu'une chaste épée.

Seigneur, ne m'accordez nul pouvoir que de bien agir. Et ne me laissez désormais de trêve.

Obéis à l'Idée ainsi que le soldat à l'appel : sonne-t-elle dans la nuit, bondis, saisis crayon et carnet.

Moins tu prends de notes, plus, quand tu notes, ce sont les mêmes idées qui reviennent.

Partout, tu peux prendre des notes.

Sauf en présence, bien entendu, de ceux qui t'aiment : ils poussent des exclamations sympathiques à mettre en déroute les Muses.

Devant eux, contente-toi donc de procédés mnémoniques imperceptibles, tels que changer de poche, à la dérobée, de menus objets.

Laisse-toi vivre passivement, ton crayon à la main.

Il est presque impossible que tu recopies et perfectionnes d'anciennes notes sans qu'elles en engendrent d'autres.

N'en eusses-tu plus à travailler, les extraits de tes lectures, les phrases cochées dans tes livres te fourniraient des points de départ.

Que cherches-tu de mieux ?

Tu n'as rien de mieux à faire, chez toi, que ton œuvre ; dehors, qu'à prendre des notes.

Car il y a toujours quelque chose à noter. Quand ce n'est pas la solution, c'est le problème. Et les problèmes ne sont-ils pas une famille indéfiniment féconde ?

Il est idiot de gâcher la moindre parcelle du temps, puisqu'une note y peut être prise. On ne doit jamais s'arrêter de prendre des notes : quand ce serait sous une porte, sur un palier. C'est bien le moins !

Toutes tes pensées, tous les pensers se devant

féconder réciproquement, quelle faute d'en laisser perdre !

— Mes notes ne m'ont jamais servi à rien !
— Vos notes.

L'écrivain, le savant, le philosophe poursuivent une découverte : que dis-je ? derrière celle-là et les suivantes, la Découverte essentielle. Cependant, au lieu de se stériliser dans son espoir, toujours déçu, ils notent chaque épisode au cours de leur odyssée : ils ramassent les grains de sable dont parle Newton. Ainsi l'art des notes, ce détail, voilà tout l'art.

Flanqué de neurasthéniques (ces envieux) lourdement pendus à tes deux bras et déversant leurs gémissements, leurs niaiseries dans tes deux oreilles, harcelé par une suite ironique et dénigrante, précédé par les conseilleurs de mauvais chemins ou de halte léthifère, — avance, encore que très péniblement, au milieu d'un concours d'imbéciles lents à comprendre, puis attardés à te rappeler en arrière par le parodique démarquage de tes dires anciens. Un seul moyen pour concentrer ton énergie ! c'est de ne laisser tomber nulle des inspirations qui sur toi descendirent, mais vite de leur ouvrir une place dans ce carnet de notes, là, sur ton cœur.
Tu n'as qu'elles seules pour toi ! Contre elles et contre toi, le reste du monde se dresse.

Puisqu'il n'existe homme qui. sur quelque

point, ne profère, un jour au moins, par hasard, une parole neuve et sensée, je rêve un temps où des collecteurs publics d'idées feront, par toutes contrées, la chasse à cette précieuse production humaine.

Je rêve d'agents provocateurs comme Socrate excitant sournoisement cette très précieuse sécrétion, — plus précieuse, je vous le dis en vérité, que le miel, le musc ou le caoutchouc.

La plus grande activité entraîne toujours la plus faible, celle-ci fût-elle de qualité infiniment supérieure.

Parfois à jamais : même au delà de la mort. Oui, un défunt vulgaire, de par cette loi d'attraction, agit encore sur le survivant délicat, éminent, mais insuffisamment centrifuge. D'où l'absurde gloire, par exemple, des grands sabreurs.

On voit des hommes de génie gouvernés par leur rinceuse de pot-de-chambre, des reines entre les mains d'une Galigaï ou de tel Potemkine, hideux, trivial, nauséabond, et partout les intellectuels débiles s'immoler à de grasses commères bavardes.

Une seule issue donc : remplir d'une activité incessante les jours, les heures, les quarts d'heure, chez soi, dans les allées et venues D'une activité assez haute et juste pour ne jamais, elle, aboutir à la banqueroute, comme la leur.

En faire œuvre [illegible], quelle plus noble vengeance tirer des hideurs qui te supplicient ?

Esprit épuisé par son labeur n'offre plus de prises aux criailleries de l'entourage. Travaille jusqu'à devenir invulnérable.

Ce qui t'obsède, écris-le : ainsi tu échapperas à le vivre, et il t'aura servi.

N'écris qu'obsédé. Voire, pour écrire, obsède-toi.

— Docteur, une ordonnance afin de recouvrer la paix de mon âme.

— Travail, abstinence, charité.

— Moins absorber et plus donner : je comprends !

Passion, manie : marécage de l'âme. En faire éclore des œuvres, ces eucalyptus, le purifie.

Ce fut sa raison d'être.

Il n'y a qu'une joie, il n'y a qu'un devoir, il n'y a qu'un chemin vers la rédemption de l'esprit et nous ne l'ignorons pas, depuis l'expulsion de l'Eden : le Travail. O panacée !

Aussi Satan, qui a entendu notre arrêt, ne nous laisse presque jamais le sang-froid de nous le rappeler : famille, nécessités quotidiennes, envie, maladies, passions, il multiplie les moyens de nous étourdir.

Vivre et aimer, agir et sentir, étudier et lire, observer et méditer n'ont qu'un seul but : Produire.

Là t'attend l'*unique* bonheur.

Du moment que l'art est « purification », produire fait donc littéralement partie de l'hygiène, — *de la propreté.*

Rien, dès lors, n'en doit être « négligé » : il y faut non plus le mou caprice, mais la même vigueur passionnée qu'à la confession — laquelle, en face de la poésie, représente peut-être ce qu'un établissement de bains est à la possession de la baignoire privée.

...Quant aux prétendus empêchements, venus de la vie, de la profession, de l'action, ils sont au contraire *ce qui nécessite* cette toilette, cette élimination.

Je te veux expliquer en détail le mythe fameux de Prométhée.

Le feu qu'il a conquis s'appelle *Inspiration* : d'elle il anima l'argile humaine Alors le Dieu jaloux l'a rivé dans l'impuissance : et parce qu'il ne peut plus, ainsi, continuer l'œuvre, le *Mécontentement*, cruel vautour, lui ronge le foie.

Or, seul le *Travail* (Héraklès) parviendra à délivrer le demi-dieu, à tuer l'oiseau de proie.

Volonté de créer : baguette magique à qui nous devons de comprendre, soudain, jusqu'au langage des oiseaux !

Oh ! rappelle-toi : cet état sublime — auquel l'admiration enthousiaste et certaines heures de bénie rêverie t'initièrent et qui seul (n'est-ce pas ?), vaut la mélancolie de vivre — le travail créateur, la vie complètement organisée t'en peuvent rendre le maître, durablement..

Quel enfantillage, le découragement ! Est-ce que tout l'humain ne reste pas à tenter ?

A l'instar de la Peur, — le Rut et l'Ivrognerie ne s'alimentent que du désespoir. Parce que de l'ennui, où tu sombres parfois, tu n'espères plus, en effet, voir ressurgir les belles Idées qui font ta joie, alors tu t'en vas, comme un voyou, demander — au Désir ou à l'Ivresse ! — l'oubli, l'insensibilité de cette pénible impuissance où rampe ton âme.

Ah ! ah ! l'Ennemi rit d'avoir su t'effrayer avec cette impuissance : ainsi l'Ombre fait peur du sommeil aux petits enfants !... Penseur, penseur, mais n'es-tu pas adulte ?

Accoude-toi à ta fenêtre, et patiente : repose en ce nadir mental. Ne fuis pas ; aie confiance. L'Idée va revenir pousser à la roue de tes esprits, et les faire remonter ! Laisse donc, laisse, avec le narquois sourire d'un qu' l'on ne mystifie plus, s'épuiser, à chacune de ses ruses davantage, le tentateur inexaucé — dont voici que les anneaux, regarde, peu à peu se détachent déjà de toi et glissent dans le tartare.

— Comme cette journée se traîne ! — Imbécile, crains-tu de ne pas mourir ? Ou es-tu si pressé d'arriver aux hontes, aux infirmités, aux horreurs que te réserve la vieillesse ?

Car, pour les bonheurs, tu te souviens, je suppose, que plus un homme avance dans la vie, moins il en recueille, sauf ceux qu'il s'était semés d'avance.

« Tuer le temps » : qu'est-ce autre, le suicide ?

O toi qui rêves de mollesse, songe à la malheureuse vieille courbée sous des fardeaux qu'elle ne peut, mais qu'il lui faut porter... Oseras-tu, maintenant, rester vautré ?

Nature et Société ne nous donnent pas, mais nous prêtent des forces, de l'expérience : les garder infructueuses institue un larcin ; c'est le talent enfoui de l'Evangile. Et si Société ne sait pas encore poursuivre son débiteur, Nature, mieux armée, n'y manque point, qui rigoureusement nous punit.

Sommeil : digestion nerveuse — 1° pour la mémoire (ce que l'on commença d'apprendre le soir ne se trouve-t-il pas assimilé et su au réveil ?), — 2° pour le jugement (la nuit élabore, « porte conseil »), — et 3° jusque pour la volonté : puisque, pour dompter, pour détruire l'énergie des fauves, on les empêche de dormir. — Songes : excréments du cerveau (leur analyse peut d'ailleurs avoir son intérêt).

Trop de sommeil équivaut, semble-t-il, à une digestion trop lente : celle de l'herbivore, que le carnassier avale comme une pilule où s'est concentrée l'alimentation végétale ; mais l'animal, quel qu'il soit, dort beaucoup. Et l'homme seul, surtout le civilisé, s'arrache à l'universelle torpeur.

D'écrire à l'heure où les autres dorment on se sent leur frère aîné.

Otia et negotia : les Anciens savaient que seul penser repose.

Le travail littéraire, qui, à tant d'indignes, n'apparaît qu'un moyen, me fut toujours le But, difficile à atteindre et à garder, la suprême récompense : ô chères Heures Sacrées !

Est-ce bien sincèrement que vous désirez, moralistes, détruire l'immoralité ? Proscrivez donc d'abord l'ennui, dont toujours elle procède : et, pour ce, laissez, ouvrez toute liberté à l'Art !

L'art n'est pas la chaudière de l'instinct barbare : c'est au contraire son indispensable soupape de sûreté.

L'ennui ? reconnais-y la vile glaise où modeler ton œuvre.

En chaque minute, en chaque lieu où tu passes, reconnais la symphonie incomplète où il manque ta mélodie.

— Mais mon cerveau se refuse, vous dis-je, à tout effort de rêve, d'étude ou d'action !

— Voici donc l'heure de prier, — d'ouvrir la porte à l'inspiration.

A un croyant : — De la Providence n'admets-tu pas qu'elle s'intéresse au sort de tous, même du plus humble ?

— Je crois que la Cause Finale ne saurait dédaigner d'appeler nul être.

— Oui. Mais tu te dis qu'elle ne songe guère pour lui qu'à sa destinée morale !... Considère pourtant la structure de la plus modeste fleur : penses-tu que ton intelligence n'intéresse pas également Dieu ? Et l'œuvre d'art, autant que le miel surabondant de cette abeille sauvage ou les joyeux reflets de ce saphir ?

— Maître des âmes, si souvent paternel à nos pauvres chairs périssables quand nous te supplions pour que s'en apaisent les tortures, Esprit, *Esprit* aussi, oui, donnez-moi d'espérer en vous jusque pour les ambitions désintéressées de mon esprit à moi ! Daignez vous révéler comme le Dieu aussi du génie et du beau !

Toute expérience de l'homme sur le monde se révèle peut-être, au delà, n'avoir été qu'une épreuve de Dieu sur l'homme.

Si la nature et l'homme t'émeuvent d'une immense fraternité, si, plus pensif encore, t'inclinent, dans une tendresse profondément filiale, et l'histoire et la foi son secret, — la création cérébrale seule assouvira, dans ton cœur, ce sentiment de paternité non moins infini, non moins impérieux.

O Passé, — ô histoire, mémoire, poésie, vous

me versez la bonté mélancolique de l'immortelle Charité. O science, observation de la nature, — ô méditation du Présent jour à jour, — sereines comme la Foi ! Mais l'action, mais la création, où agir se cube, s'élancent gaies, telles que la vivifiante Espérance !...

« Rentre dans un couvent, Ophélie ! » Et toi, mon âme, rentre dans ton cabinet de travail !

Aie des heures de travail immuables : car la fonction cérébrale, autant que les autres fonctions, s'améliore par le rythme. Aie donc des Heures Sacrées.

Mais travaille moins à l'heure qu'à la tâche ! « Travaille par quarts d'heure » (unique vérité que je tienne de Papus). Un quart d'heure suffit en effet pour composer, pour noter, pour exprimer tel tourment intérieur.

Pour penser, cinq minutes suffisent.

Revois donc, périodiquement, la série quotidienne de tes quarante ou soixante Quarts d'heure afin de rendre aux gaspillés leur valeur productive.

Pendant tes rangements de ménage et le temps de ta toilette, prie et demande à composer de tête. — Dans les métros, tramways ou trains, durant tes allées et venues professionnelles, prie et demande à prendre quelques notes. — Puis, ces deux dons obtenus (car tu les obtiendras), développe-les, toujours en remplissant de ta quémanderie les minutes encore improductives : sois l'insupportable mendiant du Saint-Esprit !

Il est doux, auprès des plats qui mijotent, de repasser grammaires, lexiques, écrits des Pères et traités de morale. Un classique tient excellente compagnie au repas solitaire.

Restent donc ces débris du temps moulu par la fatigue (musculaire, digestive, nerveuse) : admirablement y conviennent la Biographie Michaud ou telle Encyclopédie de format aisément maniable.

Tu n'as, dès lors, à combattre directement que la souffrance, le chauffage défectueux, l'obscurité, le bruit du voisinage.

Une seule œuvre — petite ou vaste, peu importe — suffit pour t'absorber. Sache seulement y travailler avec ta clairvoyance comme avec tes fièvres ; y employer jusqu'à tes lassitudes, jusqu'à tes sécheresses, — jusqu'à ton découragement.

La grâce divine ne se sépare pas de la grâce esthétique : elles nous pardonnent tant elles contiennent, pour remédier à nos lacunes, à nos défauts, de surabondance.

Notre œuvre nous rachète.

Loin, par conséquent, de débattre si repos ou plaisir ne nous offriraient pas plus d'agrément, il faut, à chaque carrefour, vivement prendre le chemin de droite, — vers le But !

Médite l'enseignement gœthien : observe peu à peu toutes les influences extérieures, non pour les subir superstitieusement à la façon passive du déterministe, mais pour en extraire avec ingéniosité décuplement de tes vaillances ; observe chaleur, humidité, sécheresse, orage, froid, à la ville et aux champs, et le vent et la lune, et l'effet de la marche aux diverses heures, les nourritures, le repos, les résultats variés de ta santé et de tes souffrances, de tes passions aussi, et des saisons — et surtout de tes travaux.

II

MORALE DE L'ESPRIT

Mal ? envers toi-même, jamais tu n'agis mal : mais moins bien que tu pourrais le faire.

Eh ! attention maintenant, parbleu !

Perd son temps qui prophétise parmi ses proches. Car, nées (sans que nous le sachions, souvent) de leurs erreurs les plus profondes, nos observations n'en sauraient être admises : la plante ne retourne pas à la racine. Elles ne porteront fruit que pour des étrangers.

Notre famille ne nous fournit guère que le laboratoire où suivre, douloureux et lucides, les expériences cruelles du destin.

Et nous aspirons à embrasser le monde afin d'y saisir enfin ceux qui nous sont chers.

Dans quiconque ne tente pas son plus grand effort, dans quiconque, tous calculs établis, ne se risque pas mortellement, — une humeur corrompue se forme, qui peu à peu se substitue à la sève courante et entretient en lui un malaise perpétuel, marécageux, une déchéance progressive.

Cet hypocondriaque te déprime de ses plaintes ? Mais suppose qu'il fût réellement malade : ne te faudrait-il pas, avec lui, la patience qu'il te réclame ?

Aussi bien souffre-t-il tout autant, quoique ce soit par sa faute, — qui n'est point ton affaire.

Que dans chaque pièce te guette, solliciteur de ta pensée, un petit cahier, avec son crayon, auprès d'un moyen d'éclairage et d'un moyen de chauffage tout prêts.

Souviens-t'en ! il reste un dieu plus puissant encore que leur Eros et leur Astarté : Jéhovah-Jésus.

Ne te trouble si, par instants, ton pied timide s'enfonce un peu dans la vague.

Pas un ridicule, pas une honte même, puisque pas une situation, qui n'ait, par une œuvre, son issue vers l'air pur des sommets, vers la gloire.

Le cloaque ne pardonnera jamais à la tour d'ivoire.

Le poète ne revêt une apparence bizarre et bouffonne que lorsqu'il s'en laisse imposer par un entourage grossier.

Alors son ingénue confiance coutumière dans les hommes, le sourire de son intime et divine extase se troublent, et voici qu'ils se déforment en cette inquiète grimace du demi-sourd,... à la grande hilarité de nos coquins.

Entre toutes les formes de l'orgueil, la plus extraordinaire ne serait-elle pas, laïc — c'est-à-dire sans mission —, de prêcher à son voisin l'humilité ?

Certes, par leur approbation, encore qu'avare (sous prétexte de prudence pour nous), amis et proches nous donnèrent l'habitude, bien douce, de leur demander la confiance en nous, si nécessaire.

Mais prépare-toi : le jour où, par quelque caprice mesquin de rancune personnelle, voire d'envie, ils te retireront soudain cet encouragement, ils te rendront un grand service. Car ils te contraindront, ce jour-là, pour peu que tu y penses en ta détresse, à ne plus chercher ton appui hors de toi : ils te forceront à découvrir, ce jour-là, que tu possèdes en ton âme un plus sûr équilibre... et que tu as reçu mission de marcher seul, qui dois guider autrui.

LE SOT. — Egoïste ! Oses-tu t'isoler de la collectivité ?

Le Pensif. — Traite de même, ami, le mécanicien sur sa locomotive.

La clef de l'histoire universelle — et (soit dit en passant) celle donc de l'*Apocalypse* où, complétée, la vision d'Ezéchiel couronne la théorie messianique des Quatre Empires par Daniel (1) – la clef de l'histoire ne saurait différer, j'imagine, de la clef qu'a toute vie individuelle : ce doit donc être la Question Morale, à la fois éthique et esthétique, telle que l'ont posée devant nous, avec une franchise et un accord merveilleux, l'Evangile et la Genèse ; non plus toutefois sous l'angle particulier à chacun de nous, mais dans ses propriétés communes à l'ensemble des hommes, à l'ensemble des péchés.

De l'Equité absolue les Prophètes, en retranchant ce qui se passe de mauvais, obtiennent, comme dans une soustraction, le « reste », tel que persiste à l'exiger obstinément le verbe Devoir aux deux sens moral et futur : d'où leur certitude.

— Quelle vie devons-nous choisir ? — se de-

(1) Symbolisée aussi dans la Statue du songe par les vieilles images de l'or, de l'argent, de l'airain et du fer, elle y rappelle la théorie hésiodéenne des 4 Ages et a pu inspirer plus tard à Florus et à son parent Sénèque (lequel, s'il n'a pas, comme le croient quelques-uns, conversé avec saint Paul, a bien pu le faire avec tel esclave judéo-chrétien) leur doctrine des 4 Saisons appliquée à l'histoire de Rome et dont j'ai tiré à mon tour la Loi des 4 Siècles.

mandaient, naguère, dans leur romans, les nobles Russes.

— Eh ! choisissons-nous d'être blond ou brun, grand de taille ou court sur jambes ? l'immense majorité des humains ne choisissent pas leurs destins, leurs rôles : tels quels, ils n'ont que de les jouer le moins mal possible, et le plus petit « emploi », bien tenu, décelera l'artiste de mérite. Un bon garde-chiourme finit par faire autant de bien dans un bagne que de mal un administrateur injuste dans un bureau de bienfaisance.

Le sens de la vie ? Mais c'est celui de chaque journée : s'élever au prix de ses forces dépensées.

Commence donc par te purifier et ton logis, accomplis au début les tâches les plus pénibles en te représentant comme un oasis l'Œuvre de ton choix où tu parviens enfin libéré, et conserve, pour le soir, s'il se peut, le meilleur de ta grande tendresse. Puis que s'élève ta prière confiante, avant de rentrer dans l'ombre...

Quels personnages à ce grand Drame vital (sans « service de seconde » ni « répétition de couturières », ô métempsychistes)? Ton Energie protagoniste, le Poids des hérédités et contingences, l'Innocence accordée individuellement à chaque homme pour tutélaire et premier compagnon de voyage, l'Evénement envoyé afin de nous éprouver et humilier, la Vertu conquise comme une fiancée, et le secours supplémentaire de la Grâce (en argot : la chance).

Cupides et vaniteux, exclusivement, de tout ce qui nous est étranger, nous ne périssons que de notre dédain de nous-mêmes.

Demeure, fièrement, un Intellectuel, sans transiger !

Mais n'oublie pas que, si les idées sont tes outils sublimes, elles ne sont ni la cire ni le marbre : la matière à modeler, tu ne l'as que dans les simples Actes quotidiens et dans les pauvres Passions, chaque fois extraordinaires. A rien d'autre ne s'intéresse la sympathie universelle ; en elles, en eux, sache donc voir le vrai sujet de tes analyses, de tes travaux ici-bas.

Que non seulement ton repas te répète la Cène, de même que la toilette le Baptême, mais que les plus humbles occupations du jour — surtout les plus humbles -- symboliques et vitales te deviennent sacrées, comme l'a indiqué, pour ces deux-là, l'Eglise et comme l'avaient pressenti, pour tous les actes, les Romains, — ce peuple de l'action.

Modestes compagnons, que les objets les plus familiers — parce que, seuls, indispensables — se révèlent enfin les plus augustes. Fondateurs exclusifs de la civilisation, ils se rattachent à l'un des grands événements, chacun, de la création, de la Genèse, et ils se tiennent autour de nous tels que des Anges... pour le continuer, — pour nous servir !

Oui, allumer ta lampe luciférienne ou ton foyer prométhéen, — avec cette aiguille, héritée de l'antédiluvienne Nééma, repriser cette déchirure, lésion à ton second épiderme, — visiter en son taudis un pauvre, c'est-à-dire Jésus, — glisser à la boîte postale une lettre chargée de ton vouloir et destin, — balayer ta chambre ainsi que le faisait Saint Bernard devant qui pliaient papes et rois, — cirer les ténèbres de tes chaussures jusqu'à y convoquer les gais reflets du ciel, — établir tes comptes où se proportionne, canon rivalisant avec celui de Polyclète, dans les moindres mouvements, ô organe, ô rouage, la part que t'a, de sa force, de son or qui est son sang, confiée l'humanité, — alternativement te lever et te coucher, à l'instar des constellations, — renouveler, aux trois Angelus attestant l'Incarnation, sur ton fourneau de cuisine la chimie dont se constitua la Vie, — retourner ton matelas, sol de tes vigueurs antéennes, — autant de gestes considérables, hiératiques : et les accorder aux rythmes du cosmos compris rendra à ton existence sa beauté, divine, — la dignité de l'Infini.

Mais, sois-en certain, quelque règle que tu aies adoptée, le Destin s'amusera à te la briser. En vain auras-tu fui la tentation du bonheur, en vain combattras-tu jusqu'à la limite de tes forces.

En vain ? Non, puisque tu auras ainsi donné la mesure de ta conviction.

Il finira par te mettre son genou sur la poitrine ?

Alors, fermant les yeux, pour ne pas voir ricaner les lâches, ces vagues cauchemars, chante ton chant de mort : et tâche qu'il fasse honte, à force de beauté, au Vainqueur.

...Car ton poème authentique, le voilà !

Au lieu de te représenter ton œuvre telle qu'un être qui lutte contre les exigences de ton gagne-pain, contre les relations sentimentales ou sociales, contre ta pauvreté et sa lassitude, il vaut mieux — puisque la vie décidément s'obstine à ne se point modifier — en faire plutôt le résultat et la fleur de chaque journée dont elle aspire à soi avec ruse les éléments acceptés, transformés.

L'homme de valeur est celui qui à toute heure se prépare. L'occasion, l'idée a-t-elle besoin de lui ? elle le saisit en passant.

Dans ce cas on le connaît.

Suppute le peu que tu tiras des sept dernières années. Encore combien de septennats espères-tu avant que tu sois un cadavre ? or, en si court enclos, tu chemineras de plus en plus débile.

N'y a-t-il pas des époques, dis-moi, qui resplendissent à travers ton passé ? la plupart s'allumèrent fortuitement, ou peu s'en faut. Ne serait-il pas beau de placer à présent dans ta vie un volontaire *Mois d'Or?*

Ha ! dresser le temple sur lequel les jours suivants tourneront des yeux ravis et doux, petit temple d'une simple, grave et jeune architecture, abri pour ta conscience, en lequel avoir déposé cette offrande, ta sincérité, aux pieds, quoi que l'avenir te réserve, du Dieu de Justice longanime...

Longues dans le présent et si courtes dans le passé, les semaines de l'inaction.

Rapides au présent, mais ensuite si vastes, ô semaines de l'activité !

Que ne s'accomplit-il pas en un jour !

Des crimes s'y conçoivent, préparent, perpètrent et parfois déjà se punissent ; des fortunes, des bonheurs s'y effondrent à jamais, et d'incurables désespoirs, des lassitudes suprêmes... s'y dissipent. Il y peut naître, en un jour, un empire, que dis-je ? un grand homme, un chef-d'œuvre immortel. Moins d'un jour suffirait à dévaster notre terre.

Pendant celui-ci, eh bien, veux-tu que nous réalisions la tâche que, des profondeurs de son éternité, la Divinité t'avait préparée comme la meilleure ?

Ineptement commencer la journée sans en avoir le plus sagement réglé l'emploi. Ineptement inaugurer la jeunesse sans un idéal.

Au jeu de bagues du jour, allons, décroche, hop ! le plus d'heures possible pour l'esprit.

Chaque jour qui s'achève : un allié qui meurt...

Quelques Maux de l'Ame

Pessimisme : aveu de faiblesse.

Ennui : impuissance à jouir du bonheur, — que l'on a.

Schéma ordinaire de la neurasthénie

Irritabilité
(donc : colère)

Hantise érotique
(donc : luxure)

Fatigue, tristesse
(=Paresse, *Acedia* des théologiens)

Et, le plus souvent, dissimulé au centre de ce triangle un quatrième péché capital : l'*Envie.*

(Les trois autres péchés, sourcilleux Orgueil, Avarice-gaspillage et Gourmandise-ivrognerie, n'ont plus qu'à prendre place aux trois angles).

Quelques Traitements

Veux-tu dissiper la Tristesse ou l'Agacement ? Ecoute.

Ecoute non plus tel bruit particulier, mais l'ensemble ému du monde au dehors et dans ta poitrine.

Il te parle. Cesse de bavarder intérieurement, de te fixer ou plutôt de t'hypnotiser sur un détail mal vu, et tu l'entendras, en sa majestueuse symphonie.

Il t'aime. Il veut te conseiller.
Ecoute.

Dès que ton âme se sent *mécontente*, dès qu'un trouble t'agite et te disperse, — regarde le ciel, bien en face, longtemps.

Cesse, babillard, de monologuer, fût-ce en silence. Mais dialogue, peu à peu, avec lui, à cœur ouvert, sans réticence.

Et tu ne tarderas pas à redevenir plus calme, plus fort.

Autre remède pour la tristesse et même pour le chagrin.

Les diverses thérapeutiques reviennent à un seul conseil : s'empêcher d'envisager *avec continuité* le sujet d'affliction.

Donc, la plus simple lecture **commencera** d'agir, en attendant que tu aies repris assez de force pour étudier ou essayer de produire.

Dès qu'un jour on ne s'est pas livré à l'une des occupations dont on avait l'habitude, on éprouve nécessairement, l'heure venue, un vide, un vague à l'âme très curieusement parent des reproches que nous adresse la conscience pour un devoir négligé, une faute, un excès.

Comme si la conscience était l'habitude héréditaire d'un certain emboîtement d'actions, de certaines règles expérimentées des millions de fois pour telles et telles circonstances et admises finalement par toute l'espèce, et comme si en ce consensus résidait la morale, qui serait simplement donc *l'instinct de l'humanité.*

C'est la règle — ne t'en trouble par conséquent — qu'à un état élevé, poétique succède une chute en la platitude.

Il faut seulement que ce déclin devienne partie de rythme : et le nadir n'en sera plus du coup que le temps faible d'où mieux rebondir au temps fort du chant inspiré.

Humilité : assurance contre l'humiliation.

Nulle déception (y compris l'ennui d'avoir réalisé complètement notre rêve), nul ridicule ne viennent jamais que d'avoir objectivé le subjectif : acte fécondant sans doute, mais... *omne animal triste post coïtu.*

Au contraire, chaque satisfaction, chaque accroissement du moi ont pour cause quelque subjectivation de l'objectif : acte nutritif en effet.

Trois choses exagérées par trop de littérature : l'amour, la mer, la mort.

Pour te défaire d'un sot ? parle-lui d'idées.

Nos tentations ressemblent à ces passantes qui, vues de dos, nous attirent pour se révéler, aussitôt qu'atteintes, de pauvres laiderons.

Comprendre les femmes ? les plaindre ? mieux vaut peut-être s'y refuser. Mais, attirée par le vagissement, la courageuse fille du Pharaon ne risqua-t-elle pas de trouver, au lieu du berceau de Moïse, un crocodile ?

Aucun malheur ne m'a frappé dont il n'ait résulté quelque bien — non pas égal, sans doute, mais si imprévu !

Que la curiosité nous garde le courage.

Qu'un individu — ou l'Humanité — aient conscience d'avoir commis une faute grave (chute originelle ou déicide, vice ou simplement émoi suspect), il devient facile à un Dogme ou à un perspicace de les intimider jusqu'à n'oser plus penser de toute la région contaminée de leur âme, jusqu'à l'abdiquer et consentir de vivre dans un état de mutilation volontaire : état moins dangereux que l'endurcissement, mais déjà un peu... hypocrite et soumis à notre Garde-Chiourme sourcilleux et oppresseur.

Dès lors, après un long moyen-âge d'humilité expiatrice, va sous ce chantage transcendant commencer une crise déprimante, dégradante.

Jusqu'au jour où la rencontre et l'exemple d'une sincérité saine et active rendent confiance au pécheur, qui sent avoir expié sa dette. En vain l'objurguera, se lamentera et le menacera de vagues châtiments l'Oppresseur moral : il en a percé à jour la rouerie, souvent inconsciente à force d'habitude et d'outrecuidance ; la Renaissance approuvée de l'Église bat en brèche la Réforme.

Souvent, pour dissiper une torpeur physique, il suffit de s'imposer quelque activité intellectuelle.

Un découragement naît de la piqûre des puces ou des moustiques : de telle sorte que, multipliés par celui des ouvriers ou campagnards à les détruire, ils l'injectent dans notre sang pour nous abaisser solidairement avec tout un peuple.

Malheur : collaboration du destin.

Car le bonheur ne variant guère davantage que la lumière blanche, rien ne serait plus monotone et aveuglant, donc plus funeste.

Alors, il est permis au Démon d'intervenir, de nous « tenter » comme Job, c'est-à-dire essayer, qui multiplie les accidents où cette uniformité va se rompre et réfracter, va développer erreurs, pittoresque, douleurs, ridicules, la beauté, la caricature, le drame, tels qu'un éventail magnifique des couleurs.

Nous devons à d'anciens malheurs notre timidité présente. Mais peut-être n'existaient-ils que dans une idée très fausse que nous nous faisions de ce qui aurait dû être et de par la maladresse qui nous empêcha d'en extraire notre profit prédestiné, notre devoir.

Pourquoi t'irriter contre ceux qui empêchent ton travail ? Plains-les : eux seuls en porteront la peine. Que ton découragement ne te fasse pas leur complice ; et la grâce de l'œuvre te sera, — quoi qu'ils tentent, — octroyée.

Au Bois (xxxe année, un soir de juin) :

I. Ni la richesse, ni même l'aisance et liberté ne te donneraient davantage que tu n'as. T'imagines-tu, en effet, qu'une existence plus molle augmenterait ton énergie, laquelle déjà fléchit si souvent le dimanche ou aux fins de vacances ?

II. Ni les défauts d'une maîtresse, ni le défaut de maîtresse ne sauraient nuire à la pensée. Garde seulement une intention droite, et ils décupleront au contraire ta volonté, j'en atteste les convulsions intérieures où elle se ramasse. Combien Socrate et Marc-Aurèle ont dû à leur « dame », et Saint Jean à son absence !

III. Dresse la liste des autres prétendus obstacles à ton travail : maladies, imperfections d'autrui, catastrophes. Et cherche ensuite dans l'histoire les hommes qui ont accompli, malgré ces conditions (ou peut-être *à cause* d'elles), des œuvres immenses.

Ce tableau synoptique, affiche-le à ton mur.

Si peu que nous découvrions dans notre cœur

un sentiment ou une douleur sincère, voilà qu'il nous faut les cabotiner et exagérer aussitôt... afin de les faire comprendre et admettre d'autrui, qui sans cela les profanerait, et afin aussi de nous les rappeler, de les maintenir vivants en nous-même, où ils s'estompent déjà, malgré tout, sous la répétition affaiblissante du souvenir.

Foin des polémiques ! l'abeille perd son dard dans la piqûre.

Souple, épanouie sans raideur, la feuille printanière ; tandis que la feuille morte se crispe : toute jeunesse, toute vitalité s'offre ainsi tendrement heureuse. Crispations, ankylose, roideur hargneuse : minéralisations du cadavre, de la vieillesse.

Or, pour produire œuvre durable — pour être ! — nous avons besoin de cette légère, allègre, fluide plasticité. Ils le savent d'instinct, qui nous tuent, à nous contrister, afin de satisfaire leur sinistre sadisme, leur envie.

...Toutefois, si tel proche (qui n'a point fait œuvre, d'ailleurs) à tes moindres propos oppose, avec une obstination farouche, son éternel « Non, la vérité c'est que... », si tel ami (non moins stérile) ironise perpétuellement du haut d'un air protecteur, si telle confidente nauséeusement t'outrage, répète-toi, Poète : — « Voyons, n'ai-je pas, tout de même, écrit telles pages ? et n'ai-je pas fait mes preuves honorables sur tels terrains par eux évités ? enfin, n'ai-je pas, dans mon destin, cette noble Amie ?... »

— Le supérieur, de vous ou de moi ? Ne vous suffit-il pas que nous différions ?

Sens corrompus, cœur pur, et une imagination qui s'épuise à les subordonner réciproquement d'une manière ou de l'autre !

As-tu dormi, mangé, passé à la selle — et je ne parle ni de l'amour, ni de la famille, ni du bain, ni du ménage, ni du métier, ni des importuns, ni des maladies, ni des catastrophes sociales ou naturelles — alors, il est permis à la Pensée de ramasser sous la table de la vie, telle qu'une mendiante méprisée, quelques miettes...

Honte à la destinée !

— Eh bien, oui, — me dit l'adolescent, — je suis mécontent de mon éducation qui ne m'a pas compris, mécontent de telle erreur sentimentale que je n'avais point mérité de commettre, mécontent des critiques embusquées pour me fusiller au lieu de me montrer la route, mécontent du non emploi de mes meilleures facultés par une société rechignée et stupidement avare, mécontent du manque d'argent à l'achat de mes livres, du manque d'air à mes pensées, parmi les grossières convoitises ambiantes, mécontent de la comédie où les faux protecteurs abusent de mon temps, mécontent de mon oppression, dépression et exploitation spirituelle par tels compagnons de départ, mécontent de mon rendement trop faible, de l'obscurité dans mon âme et de ses sécheresses, de mon inhabileté à créer, de la gaucherie qui me retient et où l'on me retient loin de mes pairs, du bas milieu où je croupis sans enthousiasmes pour répondre aux miens, et jusque du dormir dans l'asphyxie ou du manger intoxicant qui, tout à l'heure, vont, une fois de plus, engourdir mes bonnes volontés !

Trois ardeurs au travail : celle de nature ou de grâce (curieuse, ambitieuse, passionnée), celle d'entraînement (par l'étude et production), celle des excitants (précaire).

Maintes fois, nous nous attristons parce qu'une de nos façons de penser arrête son développement : nous ne voyons pas qu'à côté est déjà née, d'un autre bourgeon, telle branche nouvelle par où s'élance à présent notre rêve...

A son lever, une idée nous éblouit plus que du zénith : exige néanmoins qu'elle y gravisse, vivifiante, au lieu de disparaître en stérile éclair.

On ne revient pas rafraîchi que de l'erreur, ô Gœthe. Jusque de l'ivresse (n'est-ce pas, Eschyle ?), jusque de l'abjection, la bonne volonté, acharnée à se reprendre, remontera des perles en récompense.

Pour ne jamais t'égarer dans les chemins de la

vie, il suffirait de ne jamais décider selon ton point de vue, mais toujours en vue de Dieu seul.

La peur de l'erreur cause la stérilité du plus grand nombre, quand elle ne lui sert pas d'excuse.

Pense, à tout hasard : voilà l'important.

Pas un grand homme qui ne se soit trompé. Pas une science dont les bases mêmes ne finissent par s'effondrer. Où est le système de Ptolémée ? Où sera un jour celui de Newton ? C'est la condition même du progrès dans le savoir.

Des esprits faux ? Y a-t-il jamais eu des esprits justes ? car il faut systématiser pour penser, il faut un artifice.

Pas une chimère, en revanche, pas une folie — histoire d'Icare, escarboucle, tapis de Fortunatus, etc., etc... — qui ne finisse en découverte scientifique, en réalisation terre à terre.

Paresse et découragement ne germent que par notre ignorance à varier nos travaux.

En tant que maladie de la volonté, le fatalisme (superstitions, déterminisme, etc.), consiste à chercher hors de nous une déterminante, au lieu de la réclamer à notre raison.

Cause d'erreur : le mot « excitation » s'applique à l'idéation comme à l'érotisme.

Or la première multiplie l'activité humaine ; car l'âme s'illumine de toutes parts, pendant que le corps lui-même, avec allégresse, cherche à s'employer de mille sortes variées.

Au contraire, l'érotisme limite l'horizon de plus en plus : progressivement, il réduira l'homme à un seul désir, à une seule pensée, à un seul geste, le plus machinal et le moins esthétique de tous.

Ce qu'on possède trop en rêve, on ne l'obtient pas dans la réalité.

Cœur troublé ! il y a dans l'ombre qui tourne sur la grève, il y a dans le retour éternel des heures et des saisons, un rythme calme, doux et puissant, qu'il te faut de nouveau bien sentir, avec lequel il te faut de nouveau aller d'accord.

Ne presse point tes pas comme un esclave. La Muse se promène d'une démarche rêveuse.

Le silence extérieur purifie.

La gravitation ne résulte-t-elle point de la force attractive d'un astre plus considérable ? De même, ô gravité de l'âme, tu es la fille d'un flamboyant Idéal.

Chaque coup de canon me remplissait de chagrin. Toujours ce geste méchant de sot !

Les difficultés de la vie — misère, amour, fatigue, insécurité des temps de guerre, chauffage insuffisant — donnent un goût de mourir, comme l'asphyxie.....

Trois ennemis de la méditation : le froid, le bruit, la femme.

Il y a des entôleuses de l'esprit.

Pourquoi je vous flattais ? Pour vous glisser des mains.

Nombreuse, rusée, acharnée, implacable est la race des Idéicides. Prends-y garde, ô jeune Songeur, il en rampe dans ton ombre, à ton foyer, dans les buissons d'où te guette l'amour.

Homme mûr, n'envie pas ces jeunes. Ce n'est nullement l'Avenir qui s'ouvre devant leurs pas incertains, mais la courte vingtaine d'années qui vient de s'envoler si vite devant toi : une brève et fatale partie qu'eux aussi vont jouer au hasard !

Afin de t'affranchir des envieux, essaie de leur inculquer quelque talent : l'espoir les tiendra un peu de temps en respect.

Celui-ci te néglige ? Celle-là t'ennuie ?
N'as-tu point là Shakespeare ou le Dante à mieux comprendre, une science à t'assimiler pour mieux jouir du monde et le reconcevoir ?

Le Destin est notre examinateur.
Il nous propose une certaine série de problèmes : tous résultent exclusivement, de ce qu'on

appelle des « situations fausses » — et qui ne sont qu'inhabituelles.

Le lâche les dissimule, hypocritement.

Or ce n'est que leur solution trouvée, encore que très douloureusement, qui ajoute un rayon de plus au soleil ascendant de la Vérité.

Le héros n'est pas que l'homme exceptionnellement courageux : c'est celui que la vie a engagé dans une impasse inconnue, au moins quant à son mur de fond, et qui, buté là, dédaigneux des railleurs, découvre enfin l'issue !

Ainsi devient-il un dieu libérateur à des millions d'individus par la suite, pour les avoir sauvés d'une des impossibilités de vivre, de s'épanouir.

Placé entre eux, ce monde ne reflète que l'Enfer et le Purgatoire.

Selon ton attitude, tu y subis l'un ou l'autre : par consentement, humiliation, bonne volonté, tu y expies et t'élèves ; par révolte, endurcissement cynique et mauvaise volonté, tu y descends vers... l'Autre.

Mais que sont les erreurs de notre jeunesse, que doivent-elles être sinon les thèmes où se doit exercer la sagesse de l'âge mûr ?

Ne les maudis donc point : ainsi s'est composé ton rôle original, la situation dramatique où tu deviens le Messie de ton particulier Adam, juvénile et égaré.

Aux porcs de vivre dans... les truismes !

Ce qu'ils appellent être normal? c'est tout simplement être nul.

Nous avons pour but, assurément, d'atteindre la norme : mais non pas d'en feindre le geste !

Or nulle personnalité vraie ne jaillit que d'une énigme à élucider, d'une anomalie peu à peu réduite vers la normale, mais n'en approchant de bien loin qu aux abords de la sainteté.

Chaque époque porte dans ses flancs l'erreur spéciale dont elle doit mourir.

Celle où notre éducation, intellectualiste et matérialiste, dévia, se fit, semble-t-il, d'avoir estimé l'homme né pour fabriquer des idées, du savoir, plutôt que pour épanouir ses vertus ainsi qu'on l'avait cru jusqu'à nous.

Cette erreur, car c'en est bien une, part de ce que nous supposons la possibilité d'une telle « fabrication » par la simple association de notre raison et de l'expérience. On n'admettait point qu'une découverte se formât d'une manière plus mystérieuse (ainsi qu'on l'avait jugé depuis des millénaires), en fructification et récompense de la culture de ces vertus — soit directement dans le vertueux en personne, soit (si lui-même, absorbé par le principal, ne cherche point ce bénéfice) médiatement dans sa descendance plus intéressée ou ambitieuse (nous savons de nouveau, pourtant, que l'ancêtre est souvent couronné ou frappé, par l'atavisme dans ses petits-enfants).

Sans doute Raymond Lulle avait bien construit une machine à raisonnements, de laquelle se sont fort occupés Raymond de Sebonde (traduit par Montaigne), Lefèvre d'Etaples, Astédius, l'immense Leibniz, le savant Kircher, vingt autres encore, et dont les syllogismes sont impeccables... Mais nul ne construira de machine à personnalité ! Notre intelligence ne nous appartient pas comme une propriété enclose et comme un royaume : c'est une patrie plus vaste que nous et où nous nous perdons sans jamais l'avoir totalement explorée.

Il y a le vent qui incline la plante, et il y a le mouvement particulier de la sève qui monte cependant ; il y a l'instinct, imposé à toute une espèce, de sorte que les abeilles font leur miel ou les castors leur ponton, et il y a la volonté plus libre de l'individu humain. Mais, à son tour, celui-ci ne régit pas la pensée : il subit l'Esprit qui, pareil au vent dans la forêt, souffle où il veut... et il y puise l'inspiration.

Or, pour l'obtenir, a cru — jusqu'hier — l'humanité, mère féconde en génies, point d'autre véritable recette que de prier, — de même que la plante, afin de mieux aspirer l'air qui la vivifiera, n'a pour ressource que de tendre, tendre de sa tige et de ses rameaux, ses feuilles vers le libre ciel...

Prie : et tu vérifieras que tes dons en seront décuplés.

Notre lâche complaisance pour la Bêtise nous perd, qui la subissons de nos proches, la flattons, aveuglés ou vils, dans nos maîtresses et la servons dans l'ignoble Cité.

Qui se sent votre second en esprit n'a cesse de vous persuader que l'Esprit soit question bien secondaire..

Choses très différentes qu'une objection et l'esprit dans lequel on la fait, qu'une opinion et le sentiment clandestin qui l'anime.

Qui nous donnera un Dictionnaire laïc des cas de conscience ?
Et surtout des cas de conscience intellectuels?

A chercher de réaliser un nouveau rêve, n'oublie pas ce que tu peux dès maintenant.

Se refuser à admettre le ridicule, — se mettre en dehors de la morale : attitudes d'autruche, que n'en atteindra pas moins le plomb du chasseur.

Mal y voir, mal entendre isolent un être dans une légende de sauvagerie et dans une solitude partout trop réelle, dont quelques-uns abusent pour l'opprimer, le déprimer.

Du monologuer à haute voix.
Chacun feint d'y voir une anomalie, un ridicule. Or, je n'ai jamais traversé un bureau, un

magasin, un lieu de travail quelconque, tant soit peu désert, où je n'aie entendu les gens mâchonner des paroles en cherchant quelque objet, en accomplissant quelque tâche.

D'où j'incline à croire, par conséquent, que presque toute créature humaine, laissée à elle-même, agit de la sorte. Mais elle n'ose en convenir.

Hypocrisie de plus, et si superflue !

Se plaindre d'avoir rencontré une dame fatale ? Pourquoi ne pas rabâcher toute sa vie sur le désagrément d'être né claudicant ou bègue ?

L'amour éveille le génie. Mais le développe-t-il par la suite?

Laure ne devint peut-être à la fin qu'un beau thème pour ce coureur de Pétrarque, ainsi que le pur souvenir de Bice et de Gretchen pour le Dante et pour Gœthe.

Et peut-être le mariage n'a-t-il pas de but plus immédiat que de réendormir à jamais l'amour, afin que, sa courte mission accomplie, le cerveau, — définitivement éveillé, — désormais, garde le dessus...

L'Hérésie Erotolatrique : après le calembour sur le mot Amour par les romantiques, nous ont envahis l'apologie plus brutale du simple

Coït par les naturalistes et freudistes et ce prétendu « féminisme » qui se réduit et prétend tout réduire à une casuistique de la vie galante: pourquoi ces gens tiennent-ils tant à nous mettre leur sexe dans la main ?

Sous couleur de patriotisme, de [illegible] etc., voici que se fait jour [illegible] cyniquement, l'Antiintel[illegible] suite aisée à prévoir de l'anticléricalisme d'antan.

Aux anti-intellectuels :
— Dès lors que vous m'invitez à « dédaigner l'esprit », pourquoi ne commencerais-je point... par le vôtre ?

Evite d'être assis trop en face de qui t'ennuie. De la sorte, il te deviendra loisible d'évoquer devant toi telle image plus aimable.

Si l'on te contrarie, ferme les paupières ; ta fatigue en diminuera aussitôt de moitié. C'est la recette des malades.

Qui me donne forces pour travailler, voilà mon ami. Car me décourager, m'émietter, à quoi le pire ennemi viserait-il davantage ?

Proverbe retourné : Il ne faut qu'un chameau de plus pour briser les reins d'une plume.

Si la paix de l'âme en atteste la santé, quel mal pire que l'amour — en dépit des mensonges (intéressés) d'Ève, même avec les armisti[illegible] trompeurs qu'elle y consent ?

[illegible] d'étonnant, mon fils, à ce que les femmes [illegible] fassent l'éloge du sentiment, du risque et du hasard : elles ne pêchent qu'en nos troubles.

— Passé l'âge des passions...
— Il ne passe jamais. A quatre-vingts ans, fut-ce après quarante années de calme, on peut s'éprendre.

Amertume devant le destin : art de ne plus le comprendre.

De même qu'il faut, au projectile, être à l'étroit dans le canon pour jaillir haut et loin à travers l'espace, de même ce ne sont que les « mal à l'aise » qui procréent des familles pour la race, des chefs-d'œuvre dans l'art, ou leurs âmes à la vie éternelle.

O but perpétuel — car tu te dresses au carrefour mouvant de nos deux santés physique et morale, de l'étude profonde et du succès libérateur : *Pouvoir travailler !*

Trois obsessions gênent beaucoup le travail : la coquetterie hargneuse des femmes, le caractère grincheux des hommes, et la guerre imbécile avec ses préparations sournoises (patriotisme, politique des partis, etc.).

En tout ce qu'ils méprisent, maudissent et fuient comme un état de dépression, souviens-toi de reconnaître ce calme périodique, divin, où se ramasse et retrempe l'âme pour l'action continue mais rythmée.

Ne te promène jamais à la campagne sans y emporter dans ta poche un livre captivant, qui se lira à petites étapes.

Ainsi s'évitent le trouble érotique de la nature et surtout la folie des kilomètres

L'amour, comme l'eau les creux, remplit les lacunes du travail.

Occupe-toi à les lui reprendre, l'une après l'une, au moyen de la lecture, puis de l'étude et théorie, et enfin de l'effort créateur, sans plus jamais laisser à la digue de ta journée la brêche d'une heure, d'une demi-heure.

Il n'y a qu'un obstacle invincible sur le chemin d'un honnête homme : un cœur qu'il faudrait broyer pour aboutir.

Hélas ! et Elle le sait.

L'amour probablement n'est cruel que parce qu'il est l'essence de la vie.

Et il n'y a douceur et grandeur qu'à les oublier.

Je n'ai prié Dieu sans succès que devant l'agonie et devant l'amour.

Page blanche où s'écrit avec ingénuité une première phrase, la vie se surcharge de ratures, rectifications, notes, repentirs, gloses et commentaires qui se croisent en tous sens. Quel aspect confus dès la quarantaine !

Et cependant, ô jeunesse, pour qui sait en saisir l'ensemble et les détails à la fois, voici seulement qu'une vérité éprouvée commence à se faire jour.

— Le destin retarde. Pourquoi ?

— Souvent, peut-être, parce qu'il traîne une grande charge de nos langueurs.

Entre l'ambitieux heureux et l'autre, la seule

différence est que le premier obtient tard et perd bientôt ce que le second n'obtient jamais.

Quatre puissances naturelles : Force et Beauté, Intelligence et Bonté.

Injustice des deux premières : encore de la Force, les lois et les armes nous défendent-elles un peu.

III

LES PERILS DE LA PENSEE

La chance est ce produit de l'attention et de la grâce : une souple relation, qu'habitude rend peu à peu instinctive, entre notre jugement et nos actes rapides. Ne dis donc pas : j'ai de la chance ; mais je suis en chance.

Et voilà comment une mauvaise action, à plus ou moins longue échéance, *porte malheur :* elle a troué d'une incohérence le canevas logique de notre vie entière, dont les fils, l'un après l'autre, cèdent.

Voilà comment encore la vue des laideurs volontaires, comment toutes les discordances nous rendent maladroit, et comment enfin une catastrophe de par son désordre « ne va jamais seule », selon l'observation des bonnes gens.

Telle minute durera toute la vie.

Faveur des femmes : bon symptôme de succès, mais souvent mauvais symptôme de travail.

Quand on a quelque effort difficile à accomplir, le nom de la Bien-Aimée monte de lui-même aux lèvres. Et l'on réussit !

Mais par une sorte de congestion vers le grand sympathique, il arrive que la passion nous gêne physiquement pour travailler de tête.

Tu peux, tu dois pardonner un outrage de femme. Garde-toi de l'oublier, néanmoins. Elle ne l'oubliera pas, elle.

Nul n'entre dans notre vie sans y représenter désormais, y objectiver un fragment de notre personne.
De sorte que le Solitaire seul se dresse, subjectif homogène, intégral.

Accueille avidement les occasions, trop rares, qu'on t'offre d'agir avec grandeur.

Mieux qu'un chef : un homme.

Quelle joie trouver à une gloire où de l'artifice contribua ?

Tu as souillé l'azur, poète ! tu as souillé le front de la vie.

Il n'y a d'enviable qu'une gloire absolument pure, encore qu'elle demeure nécessairement restreinte.

La gloire ? ce n'est même pas de faire connaître ton nom six mille ans après ta mort !

Car le plus ancien des particuliers que célèbre l'art était un certain fonctionnaire égyptien, Tahout-Hotpou : le musée de Berlin conserve la porte de son tombeau avec les inscriptions et dessins qui le recommandaient à l'attention des siècles, que voici penchés, en effet, à l'étudier... Ce n'est qu'un très vieux rond-de-cuir : rien de plus.

Ainsi faire très longtemps connaître son nom, sa personne et ses actes après sa mort — ou très loin autour de soi sur terre, à l'exemple de tel fabricant de pilules — ce n'est que néant : rien de plus.

Certes, notre pauvre baderne de Tahout-Hotpou eût déliré de joie si on lui avait annoncé quelle durée devait avoir et aura encore son souvenir. Mais il ne l'a pas vue, non plus que tel coquillage antédiluvien ne se douta qu'il figurerait un jour dans nos vitrines. Pas une fois, le son d'espérance n'a retenti, vieux Tahout-Hotpou, dans ton petit cœur racorni.

...Par contre, en vue de résister au vertige de

la seule renommée qui ait presque égalé celle des Evangiles, il n'a fallu rien moins, à l'auteur de l'*Imitation*, que l'anonymat.

Un journaliste se carre dans l'orgueil de se voir plus connu que tel grand poète de son temps.

Eh ! qui ne connaît aussi Deibler ?

Cherche plutôt, mon bon ami, sur les tablettes des bibliothèques, ton livre cassé, trempé de larmes et émietté à force d'être relu.

La célébrité ! Mais Erostrate est célèbre pour avoir détruit une merveille dont beaucoup ne nommeraient pas tout de suite l'architecte. Vitellius reste célèbre pour sa goinfrerie, Midas pour sa sottise, Pradon pour sa médiocrité, Jarnac pour un geste disqualifié, Zoïle pour son envie dénigrante plus que pour ses travaux, Judas pour sa lâche trahison, et les Rois Fainéants sont célèbres pour n'avoir rien fait du tout !

La célébrité n'est donc vraiment rien en soi-même.

Elle prend des exemples au hasard afin d'illustrer le bien, le mal, le ridicule, l'insipide : il n'y a même pas besoin, on vient de le voir, de trancher sur l'ordinaire ou le banal pour entrer dans le carnaval saugrenu que disposa sa main nonchalante ou narquoise.

Et voilà ce que ne distingueront jamais les

médiocres vaniteux qui se précipitent vers la célébrité par toutes les avenues : autant constituer un code avec les exemples d'une grammaire ! Les pauvres sots ne discernent pas le bruit de la musique, la célébrité triviale de la gloire où se reflète l'Eternel. Or ils forment la majorité humaine : d'où la prétendue « gloire » des conquérants, illustration à la Landru ou à la Cartouche.

Non, la Gloire ne va qu'au beau, au bien, à l'héroïque douceur ; elle méprise les pauvres humanimaux prognathes de destruction, de rouerie, de vice ou de bêtise.

Outrageant doute à la richesse prodigieuse du Moi que d'y sacrifier les autres !

Une preuve que chacun se doit aimer plus que personne, c'est que les fautes les plus durement châtiées sont celles contre soi-même.

Tant Dieu nous aime chacun pour nous-même !

Ni héros, ni martyr, va ! l'Evangile même ne le demande pas. Tu as besoin de fuir la souffrance, nature t'en avertit.

Et devoir de l'épargner aux autres : n'en fais non plus héros ni martyrs.

Il est immonde de rechercher le bonheur. Voilà pourquoi, sans doute, l'amour est maudit et maudites sont les revendications sociales.

Jésus n'a demandé, pour les meilleurs, que la paix.

Philosophes et chrétiens ont une même conception, égoïste, subjective, de la fin où doit tendre l'homme . béatitude en Dieu, béatitude ici-bas soit par la volupté sage, soit par le développement dans l'effort, mais toujours... béatitude ! Car ils n'imaginent au-dessus de l'homme qu'ils sont, rien de plus beau que l'homme, ou surhomme, qu'ils voudraient être.

Mais, plus idéalistes, l'artiste, le savant, croient le chef-d'œuvre, la découverte préférable à son auteur. Ils ne cherchent pas un moi futur, un moi sublime: ils n'ambitionnent que d'engendrer l'inconnu, de s'anéantir à son profit, de sacrifier leurs énergies imparfaites à sa perfection.

Blasphème ! crieront les uns ; illusion ! riront les autres.

Convenez pourtant que cet idéal, ce messianisme dépasse et en noblesse et en réalisations concrètes l'impératif de Kant. Sans plus d'espoir ni de profit personnel, — mieux, avec la certitude, cette fois, de perdre son moi, de perdre son âme (1), — il atteint, à lui seul, à l'objectivation : il se montre seul capable de faireépanouir, tout en haut de la tige humaine, au lieu d'une éjaculation de sève, la Fleur éclatante, robe parfumée et vivante du fruit futur.

---

(1) Qui veut sauver son âme la perdra. Mais qui veut la perdre à cause de moi la sauvera (*Evangile selon saint Mathieu*, XXIV).

L'homme n'a pas sa fin en lui-même ; le surhomme ne représente qu'un échelon. Elle n'est qu'en Dieu, qu'en l'absolu. — mais par quel chemin ?... — Dieu, voulant en venir à nous, a créé l'univers : il faut donc le recréer, par des œuvres, si nous voulons remonter jusqu'à l'Auteur.

Mon bonheur a toujours dépendu de l'intérêt et qualité de mes lectures.

Sans cause, on se sent, parfois, dans un état de délices : le logis s'embellit, une grâce drape les plis des rideaux, l'atmosphère devient souriante et sacrée ; et, une heure après ou une heure plus tôt, on se trouve, sans plus de motifs, rempli d'anxiété ou de détresse. Et, chaque fois, on dirait que cet état vous vient de loin, de très loin...

L'amour du bonheur est un vice.

L'homme n'aspire à l'amour que faute de mieux.

La richesse se réduit à la somme dont on peut se passer.

Chaque serviteur est un maître de plus, une autonomie de moins : être servi, c'est être asservi.

C'est aliéner de nos gestes.

La machine est un serviteur.

Dépenser, c'est ordinairement, en effet, ne plus penser.

N'a honte de porter son pain dans la rue que qui ne l'a point gagné, mérité.

Le luxe, disait Monime de Syracuse, est le vomissement de la fortune.

Es-tu triste ? énumère-toi les maux que tu pourrais avoir.

Es-tu encore triste ? parmi les infortunés qui les subissent (à ta place, en somme), cherche à qui donner une joie.

Et la vie, telle que Dieu te la tend, savoure-la comme l'agneau savoure humblement le sel dans ta main.

Pour peu que tu admettes une Providence, aie la loyauté de reconnaître que ta condition dépasse de beaucoup ce que te put mériter ta conduite jusqu'à ce jour.

Fuir les responsabilités, c'en est une.

L'enfant, réaliste, ne voit pour but que son bonheur, que son plaisir.

Idéaliste jusqu'au stoïcisme, l'adolescent s'exalte à l'idée du contre-bonheur, du sacrifice.

L'homme fait entrevoit que bonheur et sacrifice ne signifient rien par eux-mêmes et qu'il y a seulement le Beau, ce vrai harmonieux et complet. Vivre une noble vie — mieux qu'héroïque : sage et sereine — parmi la splendeur, toujours mieux comprise, du Cosmos et répondre à l'œuvre divine en œuvres libres. A la jeunesse, encore fallait-il applaudissements, panache : tandis que l'homme mûr pénètre sur un théâtre moins fréquenté du vulgaire.

Donne-toi la fierté de plus aimer chacun qu'il ne t'aime.

Ecrit à Paris, en fin 1914 :

Que peut m'apporter de terrible, ô hommes, votre méchant tapage ? la souffrance, je la connais et, même sans vous, je la reverrai : le péril, je l'ai cherché jadis par curiosité ; et la mort, hélas ! il faudra bien que nous l'embrassions chacun une fois... Allons, maintenant, voyons vos sottises ?

Pour acquérir le génie et la gloire, comme il serait moins compliqué, n'est-ce pas, de payer en passive souffrance qu'en effort ?

Non seulement la douleur, en général, instruit et affine, mais chaque douleur est un maître chargé d'un cours particulier. Ecoute attentivement si coûteuses leçons ?

Si les heures de supplice et d'orage t'enseignent, qu'au moins les autres te voient écrire.

Peines morales et tortures du corps, — découragements, même désespoirs, et chutes, expiations, — soucis et oublis, — épuisements, déceptions, démentis du sort, — et quoi encore ?... Autant de nuances, peintre du cœur, pour ta palette.

Accueille en ta douleur le plus grand spectacle où le monde puisse se montrer à toi.

Si nous haïssons tant la douleur et nous révoltons si radicalement contre elle, c'est que nous ne savons considérer que l'une de ses deux faces.

Nous la redoutons parce que *conséquence* (punition, expiation, résultat d'un accident ou d'un désordre quelconque), c'est-à-dire fatalité.

Mais songeons à l'envisager sous son autre face — celle que possède également *tout phénomène :* considérons-la en tant que *cause,* à son tour. Ici ne sera-t-elle pas, souvent, et ne pourrait-elle pas, toujours, devenir avantageuse ? voire, plus avantageuse que ne le sont d'ordinaire les phénomènes, si périlleux (l'expérience nous l'a enseigné), du bonheur ? La chose vaut la peine, on en conviendra, que nous l'examinions.

— *Touzou content, zamais malade, zamais mouri* — rêve le nègre ingénu.

Ou souffrir ou mourir ! — réclame, au contraire, dans son héroïsme, semble-t-il, paradoxal, la grande Espagnole.

(En tout cas, elle seule peut être exaucée !)

Cherchons si, entre les deux souhaits, il n'y aurait point place pour une sagesse pratique, dans la subordination de notre volonté à l'inévitable.

— Pis-aller bien connu et tout illusoire !

— Examinons, vous dis-je, encore une fois... Admettons un instant, avec Thérèse, que *chaque* palpitation de la souffrance nous purifie, c'est-à-dire nous libère de l'une des conséquences d'une faute, — nous rapproche ainsi de Celui qui nous veut net.

Et ne perdons plus de vue, parmi nos convulsions, cette hypothèse ; qu'en résultera-t-il ? Deux avantages : premièrement, d'occuper notre imagination — cette multiplicatrice, dès que libre, de nos maux, par laquelle nous souffrons tellement plus que la bête confinée dans le présent et le réel ; — et, secondement, de nous fournir une explication au problème si révoltant, de notre souffrance, de la Souffrance.

Petits avantages ! crie encore notre chair torturée. Mais voici mieux, dès que vous les avez *acceptés :*

Le souvenir de nos fautes (qui toujours s'éveille dans l'isolement sensitif du malade ou du malheureux le plus incrédule), ce souvenir cesse aussitôt *d'aggraver* la souffrance par la sourde crainte de la mériter : elle s'allège en effet, par la supposition, délicieuse, que chaque secousse du mal allège la dette, — qu'elle n'est point insolvable, que l'avenir se libère d'autant et s'ensoleille !

Au lieu de sursauter d'horreur désespérée à chaque palpitation de notre mal et de la décupler nerveusement, nous voici à la compter, à la peser telle qu'une pièce d'or possible de notre rançon.

Cette application quotidienne, dont notre lâcheté nous rendait incapables, à constituer le capital du bien, quoi, la Douleur y supléerait ? elle nous soulèverait de son épaule aiguë, marche par marche, hors de notre basse-fosse ? Mais alors elle serait donc, en effet, une grâce !

Au lieu de nous battre avec elle, *inutilement*, follement (puisque cela ne servait qu'à sentir plus vif son ongle et plus lourd le fardeau de nous-même), tiens ! mais si nous nous dressions, si nous essayions de la suivre, enfant maintenant docile encore qu'en larmes ?

Et voici que — par une méthode opposée à celle de la nature pour la bête et *seule* efficace pour nous — nous commençons de ressentir moins : comme si la Douleur n'avait reçu pour message auprès de nous que d'obtenir précisément cette indispensable marque de bonne volonté, de spontanéité... Positivement, le frémissement ne s'exaspère plus aux furibondes secousses d'une âme affolée, et dorénavant nuit moins, se fait moins atroce.

Or si la souffrance devient, par une telle

méthode, plus tolérable et moins nocive, n'est-ce pas l'avantage rêvé ?

Et que n'en sera-t-il pas, du même coup, pour l'effroi de la Mort, cette dernière « dette » à payer ici-bas, maintenant que nous avons admis l'espoir ?

Plaie : vagin de la Mort. Corruption : sa fécondation. Désagrégation : ses enfantements.

Mais — le sadisme l'a comme bestialement pressenti — il y a, dès cette vie, dans l'individu des morts partielles où se renouveler. Car Douleur féconde, tu paies de ton sang et de tes larmes le germe précieux que tu reçois de Dieu, qui t'étreint et, si tu t'ouvres avec abandon, t'engrosse.

Si la Coulpe souille à l'instar d'Onan, cette pénitence, au contraire, constitue le Coït Sacré : et ceci, le masochisme, de son côté, l'a comme bestialement pressenti.

Mais, ô sadique, — ô guerrier, ô magistrat, — Dieu seul peut frapper, légitime amant. Et ne t'avilis pas à en adorer, à en subir un autre, servilement, — ô sujet, ô citoyen, — ô masochiste !

La souffrance dont le genou dur nous contraint à nous demander si nous la méritons, nous laissera, dans l'affirmative, le sentiment d'avoir été nettoyés par elle, et, dans la négative, celui (non moins relatif, il va de soi !) d'avoir constaté notre innocence, notre créance : et, dans les deux cas, un formidable accroissement donc de confiance dans l'avenir — encore que nous ayons tremblé, crié, pleuré sous le bienfaisant couteau de la puissante chirurgienne.

La vie est femme : alternativement elle nous dorlote et nous tourmente, nous sourit ou se moque, nous ravit et nous écœure, tire de nous pouvoirs et semence, nous épuise et nous surexcite d'enthousiasme, pour maints buts contradictoires, et, finalement, veuve joyeuse, nous enterre.

On ne vit pas : on a vécu.

Car, plus belles, plus vives sont les heures, moins nous les percevons : tant leur fuite alors se fait preste, insaisissable, tant nous sommes « ravis » à nous-même! Mais, plus, en revanche, elles reparaîtront par la suite, agglomérées, solidifiées, monumentales, dans le couchant de notre mémoire.

Tandis que les heures d'ennui, les heures dilapidées, nous en traînons le poids inexorablement : mais notre mémoire n'en veut rien retenir, et ne nous appartenant plus, elles croulent à l'abîme, se dissipent en poussière, ne sont bientôt plus que néant...

Donc, c'est exclusivement le sacrifice du présent et du moi conscient qui obtient l'immuable. Il faut donc renoncer à jouir de la vie, se refuser à « vivre », si l'on veut, un jour, avoir vécu; il faut s'immoler pour s'immortaliser dans soi-même.

Et l'on conçoit ainsi que la dernière minute, si elle en suit une où l'on aura tout sacrifié, contiendra plus de vie réelle, durable, que n'en renfermerait un siècle de jouissances. Dès lors n'apparaît-il pas que cette dernière minute, que la suprême seconde rejoint, que dis-je! enclôt l'Eternité, sous les yeux opaques des assistants qui ne savent pas le voir? Car, vraisemblablement, le temps et l'éternité, l'espace et l'infini, comme une fenêtre et l'horizon, se peuvent réciproquement embrasser.

N'est-il pas effarant qu'à chaque pas l'un de tes pieds s'avance dans l'inconnu, cette absolue ténèbre?

La « racine » de l'inconnu, serait-ce pas la Mort?

D'accord! L'amour ne repose que sur la superstition télépathique : sur l'oubli, veux-je dire, de ce « splendide isolement » qui sépare du monde chaque individu...

Mais ne te désole, Enfant : car cet isolement, il existe aussi entre les diverses parties morales de ce fameux « individu ». Les provinces de ton orgueilleux empire demeurent l'une à l'autre étrangères, pis encore! inconciliables et parlant chacune leur idiome. Pas plus, va, que la fusion, réciproque intelligence et unité de deux amants, n'existe celle du prétendu « moi ».

Il n'est pas unité, il n'est que combats et débats : par éclairs, tout au plus, ses dissentiments et antinomies se fondent-ils en un fugitif état de grâce — aussi rare et miraculeux pour le moins, que l'entente profonde, absolue, entre deux cœurs en peine l'un de l'autre.

Programme d'une jeunesse :
Piété, tendresse, idéal, fidélité ;
Travail, ordre du temps, économie, sincérité.

Inclination au mal : superstition.

Même en admettant que les règles de la morale eussent été empiriquement découvertes, il conviendrait encore d'en rapporter les vérités, supposées relatives, à un Absolu — puisqu'elles répondent au besoin le plus universel et le plus réel du genre humain.

Alléguer, en effet, pour nier la morale, que tel peuple, étranger ou antique, admet tel vice revient à l'argument d'un criminel qui essaie de se justifier par l'exemple de ses compagnons de bagne! Car l'humanité n'aurait, au contraire, pas le droit de qualifier mal ce qu'elle n'aurait pas vu expérimenter, individuellement et collectivement.

Au véritable historien d'insister donc, sans complice indulgence, tout en les expliquant, mais avec honnêteté, sur les tares des sociétés les plus belles, afin d'y chercher le vrai secret de leur fragilité, et la raison de l'horreur qu'éprouve de ces tares, avertie d'instinct, l'humanité depuis lors.

Céder à l'une de ses passions, c'est laisser fuir l'une de ses forces.

Tout homme a pour compagnon de chaîne un aliéné : celui du rêve, des passions et de la sexualité, — celui, en quelque sorte, du Cervelet accolé au Cerveau.

Tant que tu as un Vice ou une Passion ou un Défaut à guérir, tu possèdes, dans leur traitement opiniâtre, habile et inventif, une source d'inspirations.

Et voilà comment sincérité, selon le mot de Baudelaire, est originalité.

Série ta vie. Série ton œuvre.

1° Série ta vie. — La Vierge, dans l'église de Deuil, me demanda : Pourquoi l'œuvre? — Madame, c'est qu'hors d'elle je retombe dans la sécheresse, dans l'inespoir, l'indifférence. — Alors subordonne, pour la faire vivace, ton œuvre à tout ton Destin spirituel; qu'elle en soit la route, le fleuve.

2° Série ton œuvre. — Sois l'exécuteur testamentaire de tes notes : classe-les, et réalise, le moins indignement que tu pourras, les divers projets qu'elles contiennent. Mais surtout avec ordre, sans papillonner nerveusement : travailles-y donc selon la hiérarchie conseillée ci-dessus, et de l'ensemble de ces notes, remplis, peu à peu, les lacunes.

— « Fais ce que dois! »
— Hélas! le devoir est infini.
— « Qui fait ce qu'il peut fait ce qu'il doit. »
— Hélas! on peut... jusqu'à en mourir.

— Mais comment, ô Dieu de Delphes, me « connaître moi-même »?
— Connais tes lacunes.

— Tu n'es que cela (*Im. J. C.*).
Aie le courage de juger avec droiture tes fautes : c'est-à-dire d'en accepter la responsabilité totale. Ainsi seulement tu sauras comment elles se perpétrèrent, par lesquelles exclusivement tu différas jusqu'à cette heure du type intégral Jésus.
Et découvrir ensuite le chemin du retour à ce type, voilà toute l'histoire de chaque génie.

Naïvement chaque pécheur se persuade qu'en ce qui concerne son péché particulier, la morale pourrait bien n'être, après tout, qu'une exagération, qu'un intéressé mensonge.

Reprendre le vieux sentier de ce sophisme, voilà toute l'histoire de chaque médiocrité.

Les prétendus « progrès dans la sincérité », dont se réclame le rénégat, à le dispenser de tout engagement antérieur le détachent, finalement, de la bonne foi elle-même.

Ce n'est pas en soi que le vice (ridicule tout au plus) est condamnable, mais en l'état d'âme, désolant et imbécile, dont il offre le signe extérieur, certain.

Les quatre Saisons de l'âme : la Joie ne mène qu'à la Passion, tandis que la Tristesse peut ramener à la sage Sérénité.

L'essence d'une jeunesse consiste, dirait-on, dans telle hantise vicieuse qui dure le même temps qu'elle, la désespère, mais (normalement) avec elle s'évapore.

Même ailleurs qu'en amour, pour te venger en toute perfection, à ton rival rive qui te méconnut.

Ces duvets : goût, modestie, pudeur, délicatesse...

On aime plus d'êtres qu'on ne croit.

De tout, le cœur souffre plus qu'il ne s'en rend compte.

Non pas le papillon de Psyché m'apparait la pensée, mais une abeille.

Parfois, trop rarement, hélas ! je prends une journée de solitude. O paix divine de mon cabinet de travail, où la clarté du ciel se reflète dans la vitre d'une bibliothèque, où le silence pensif s'accoude comme un ange sous le haut plafond, où le feu, chien fidèle, réchauffe mes pieds de son haleine rouge.

Comme le calme de la conscience repose ! la prière, en bleue spirale, monte du cœur ainsi que d'un encensoir, en hymne reconnaissant, vers Dieu, d'une générosité si abondante pour l'anachorète d'un jour.

Ah ! vivre ainsi, ne connaître presque plus les hommes que par le courrier.

Et que ce fût en un pays de soleil, parmi la paix rendue au monde, et dans la nature de nouveau harmonieuse !

De la sécheresse.

De même que le rêve est un écho de l'état de veille dans le sommeil, il y a des échos de l'état de sommeil dans la veille : les torpeurs, les sécheresses dont gémissent les mystiques, les hébétudes qui affligent l'intellectuel (« spleen » de Baudelaire), tous les états ternes, gris et stériles.

Ne nous troublons pas ! Ils ont leur raison

d'être, comme l'hiver derrière l'automne dépouillé, comme le sommeil, donc leur utilité.

Ainsi que dans le sommeil, mais consciemment, plus utilement encore tout de suite, l'esprit y redescend vers les profondeurs de l'inconscient, de l'inorganique même. O Dante de ce nouvel Enfer, ne laisse donc pas *ogni speranza.*

Tandis que les feuilles s'enroulent, au soir, et que les fleurs lasses pendent languissantes, voici que, moins tirées vers l'azur et or du ciel, les racines fouissent mieux à leur aise l'humus où se sont donné, au carrefour de la décomposition, rendez-vous les trois Règnes — les trois Ames que Platon voit en nous !

Neuf dangers sur dix nous viennent d'avoir peur, qui ne nous défend pas du dixième.

Physionomies parentes : Prométhée, Ulysse David, Pythagore, Phidias, Euripide, voire Jésus, le Vinci, Gœthe (*Pensées, Faust, Satyros*) et le Shakespeare de *la Tempête* et Cervantès.

Toute la sagesse dans la vie consiste en une bonne comptabilité : à établir un équitable budget de son temps, de ses dépenses, de son attention et de ses forces entre ceux et ce qui nous les réclament.

Le moindre usage mauvais, par un individu

ou par un peuple, de sa liberté instantanément forge un maillon de son esclavage.

A quelque moment que nous la prenions, la vie d'un Individu, d'un Peuple ou de l'Humanité présente un quatrième acte : celui des temps préapocalyptiques.

D'où l'actualité permanente des Prophètes, chœur du drame.

C'est précisément parce qu'il est un Calvaire, un Œta que le bien est beau — et qu'il y a plus de courage à le gravir qu'à descendre, amoralistes, de votre Courtille. Ne venez donc pas nous dire que la peinture en soit monotone !

C'est d'y transparaître qu'il donne au mal son éclat.

Quand l'intelligence déborde la conscience, il y a, au propre, parricide : César, au Rubicon, rêva qu'il violait sa mère.

Le mérite ne réside pas dans la vertu : elle ne fait l'éloge que de Dieu. Le mérite réside en l'effort à s'améliorer.

Ainsi le coupable vaut l'innocent : car le passé est chose morte. Et ce n'est pas l'orgueilleux pardon, mais l'oubli qui nous est prescrit.

Voilà pourquoi Dieu n'élit pas les meilleurs

d'un temps pour l'élever, mais ceux que leur nature y rend le plus conformes et, de la sorte, plus aptes, en s'élançant vers le ciel, à y entraîner, par imitation, leurs contemporains.

Donc — lâche, coupable, imbécile, — ne désespérez ! Dieu, qui seul détient tout pouvoir, en réserve suffisamment pour vous, si seulement vous le désirez, si seulement vous y consentez.

IV

MÉTHODES

Il y a deux espèces, non pas distinctes, mais contraires, d'intelligences.

Le politicien, l'escroc, l'homme d'affaires, le cambrioleur n'ont que celle, toute pratique, qui s'est figée dans l'insecte : et ils demeurent d'une étonnante et étonnée incapacité devant la poésie, le grand art, la pensée pure et créatrice.

La bêtise résulte, pour les trois quarts, d'un libre et obstiné choix de la volonté : c'est un vice, c'est un enfant de l'envie, de la haine.

Fatalisme et déterminisme : simple traduction en langage théologique et philosophique d'un état, en réalité, du corps, quand les réactions s'y font mal... pour quelque motif inconnu dont nous ne préjugerons rien ici.

Mais on a depuis longtemps constaté le tempérament « flegmatique » des Orientaux et des Germains : ne sont-ils pas les adeptes, précisément, de l'Islam, de la Prédestination, etc ?

Il en va de même pour toutes les doctrines. Et une foi ardente en l'immortalité de l'âme, de la personnalité, témoignera toujours, chez une race, de sa vitalité supérieure, — de son asphyxie moindre.

En effet, les peuples monothéistes, chez qui cette foi s'est faite la plus nette, l'ont emporté partout sur la terre. Mais voici mieux.

Non moins incontestables sont ici les réactions du moral sur le physique. De ce qu'un état spirituel, comme les croyances dont nous venons de parler, a résulté de conditions physiologiques, il ne s'ensuit pas, bien au contraire, qu'il n'agisse pas à son tour sur elles. Il est naturel, au contraire, que les diverses influences d'une individualité ne « s'évanouissent » pas ainsi que paraissent le croire les matérialistes en pures « abstractions » · et il est bien plus conforme à tout ce que nous savons scientifiquement de croire que « rien ne se perd », que ces afflux physiques, à se combiner en ce carrefour, s'y « transforment » et y multiplient leur énergie, la condensant pour une explosion vigoureuse.

Ainsi voyons-nous le fatalisme diminuer de plus en plus ces réactions, dont la faiblesse fut déjà sa cause originelle (après un assez court paroxysme pathologique) : il a eu raison de races très énergiques, de même que le matérialisme (toujours déterministe) a, en Chine, dans l'Empire Romain, etc., rapidement débilité l'élan et l'originalité ethniques.

Chez presque tous les êtres, j'aperçois des facultés très suffisantes pour accomplir de grandes choses : elles se manifestent, dans chacun, en des dispositions curieusement particulières, que je finis presque toujours par découvrir.

Mais presque toujours les a arrêtées, dans leur développement, quelque vice : paresse, fausse honte, rapacité hypnotisée, luxure, badaude envie, déloyauté surtout — où ils se nouent à nuire... et à se détruire.

N'avez-vous pas remarqué, en étudiant l'histoire des divers arts, qu'un bon nombre de Maîtres, à jamais et justement célèbres, n'étaient pas très doués (par exemple, en littérature, Boileau, Flaubert, Malherbe) et qu'ils ont eu, pour réel génie,... leur honnêteté profonde ?

Chez qui vont proclamant la supériorité de « la vie » sur l'esprit, c'est simplement qu'en eux elle l'emporte en effet... tout comme chez l'animal.

Qu'appelez-vous avec tant d'emphase « être un homme » ?

Parlez-vous de l'homme idéal, — de l'Homme-Dieu alors ? et qui donc peut se vanter d'être Celui-là ?

Ou de l'homme... normal, c'est-à-dire moyen, c'est-à-dire médiocre ? Dans ce cas, merci !

« L'action ! » Regardez ce qu'ils prêchent par là : les occupations du vulgaire, des mercantis, des agents électoraux, des imbéciles.

Eh oui, elle est rude et solitaire, la route de droite !

Une ironie contenue, un enthousiasme secret, une modestie sincère malgré le sentiment de sa force, la modération du geste unie, en un mot, à la profondeur et sûreté de l'élan, — n'y a-t-il pas là, sur le plan spirituel, la grâce du félin, souple et dont la mollesse est bondée de ressorts terribles ?

Valoir ?... Mais qui doit l'emporter, du mérite ou de la bonne méthode ? — La moralité ne promet pas, mais seule permet la victoire définitive.

Seul, le Travail purgera ton âme qui, prise de faiblesse, rêve d'irrégularité. Seule, la Vertu assouvit un peu. Seulement plus haut se trouve quelque repos.

Car la chute (que te conseille tous bas l'infatigable Destructeur) est *sans fond* : elle dissout et ne laisse jamais, va, rebondir bien haut.

Faiblesse très humaine que d'agir autrement,

sous prétexte d'un récent doute : d'où l'abandon au plaisir myope ou à la superstition.

La liberté de choisir ne s'offre pas si fréquente pour que tu lui substitues le hasard !

Un vice est une obstination. Il te faut lui opposer obstination égale et ruse.

Chaque sommeil assurément nous rend un peu de force, mais il nous rend avec elle à nos faiblesses, impitoyablement. Tant l'œuvre rééducatrice de tout homme, de tout âge est à reprendre chaque matin un peu plus haut ou de plus bas, selon que nos énergies ou nos lâchetés l'emportèrent !

Ne désire rien. Mais aime, prie — et veuilles.

Prier, d'abord, confronte notre aspiration avec la Loi morale la plus haute, donc la plus puissante, celle qui *ducit volentem, nolentem trahit.* Prier, ensuite, par sa répétition nous obsède, nous suggestionne peu à peu et de notre aspiration fait ainsi une volonté.

Aussi vois les dévots — Juifs, Romains antiques, l'Eglise, les Anglais de ces derniers siècles, — que de rancune, mais quelle ténacité !

Pour monter, il faut plier le genou.

La marche se définit une chute perpétuellement évitée. Il en va de même sur le plan moral :

la tentation y joue le rôle de l'attraction terrestre.

De même en histoire : le progrès d'un peuple n'est qu'une constante réaction contre sa décadence.

Nul ne domine vraiment que par son obéissance à un Ordre supérieur : tandis que le tyran, l'effréné n'offre qu'une apparence éphémère de puissance, n'est que l'esclave d'esclaves devant lesquels, sclérose, il agonise d'angoisse.

Prépare tout comme pour mourir dans la journée.

Arrange tout comme pour une vie de centenaire.

Afin de soulever le monde extérieur, la volonté doit s'exercer sensiblement moins sur lui que sur notre monde interne : notre cœur, voilà le point d'appui.

L'acte a quatre degrés : l'Idée, le Dessein, l'Entreprise, l'Achèvement. De l'Idée au Dessein, l'envie : du Dessein à l'Entreprise, les préparatifs ; de l'Entreprise à l'Achèvement, l'obstination.

Cabotinage qu'une attitude illustrant une théorie.

Nos théories doivent — pour vivre — jaillir, telle de sa tige la fleur, tout armées de notre attitude : à condition que celle-ci, non calculée, ait poussé des racines mêmes de notre âme unie au terreau du monde dans un hymen mystérieux, inattendu, prédestiné.

Une œuvre peut mériter qu'on la loue : non son auteur. Il ne l'est déjà plus.

Si l'adolescent étudie avec une soigneuse ambition l'adolescence de ceux qui devinrent des grands hommes, l'homme fait, soit découragement, soit infatuation, néglige d'étudier aussi attentivement l'âge mûr de ceux qui se perfectionnèrent.

Les œuvres communes exigent de la fatigue. De plus hautes ont pour prix l'infortune.

Il en est peut-être, plus hautes encore, qui se paient... avec la détresse définitive de l'âme.

Tout notre malheur, tous les désordres ne viennent que de ne savoir comment travailler.

N'y a-t-il pas toujours quelque besogne à accomplir, assez humble pour que nous puissions la réussir ? Voilà déjà par où commencer.

De mois en mois, perfectionne l'emploi de ta journée. Modèle-la comme une glaise. Mais il ne suffit pas de régler le temps quantité : c'est jeu d'écolier. Il y a aussi le temps qualité : impose-toi un rendement (nombre de pages, de notes, etc.) minimum, chez toi, à la Bibliothèque, au cours de tes heures professionnelles ou mondaines, parmi le fracas des rues, en wagon, dans le métro, en pleine nature, au théâtre.

Alourdis la digestion : tu seras déductif. Allège-la : tu seras intuitif.

L'épais charbon ne ranime-t-il pas la flamme qui s'éteignait? L'étude ranimera ta méditation alanguie.

Vastes cheminées, les crânes vastes ont besoin qu'on les remplisse généreusement, constamment.

Si à l'étroit que te resserre ton destin, il t'y faut, comme la goutte de pluie, refléter l'immense horizon et, telle une graine l'arbre, refaire toute l'humanité par toi-même, avec toutes ses émotions, toute sa taille.

Veux-tu qu'une corvée cesse de te rebuter? Accomplis-la, chaque fois, à la même heure. Elle en viendra à te manquer pour peu que tu y manques.

Commence ta journée par le plus difficile. Cours à l'essentiel.

A ton mur inscris : *Ne puis-je faire mieux?*

Bias ou l'expérience de la guerre :
Le nécessaire tient, à l'occasion, en deux valises : l'une de notes et manuscrit commencé,

l'autre de linge et objets de toilette. En plus si l'on peut, une malle, envoyée devant, renfermerait les habits, les ustensiles de cuisine, et vingt volumes.

Etablis de même le nécessaire pécuniaire. Et le nécessaire spirituel.

Il y a des êtres bons qui sont néanmoins d'une fréquentation malsaine.

Il y en a de mauvais dont la société, en certains points, nous fortifie : tels poisons ne deviennent-ils pas, à doses choisies, salutaires pour tels de nos maux ?

Un coquin actif nous arrache à la langueur où nous ont enlisé d'honnêtes gens sans énergie.

Réservoirs d'énergie, immédiat ou progressif conversation avec des laborieux, entretien avec des pieuses.

Débilitations : la rue, le bavardage politique, le noctambulisme, les déprimés.

Toxiques (par découragement, agacement, etc.) : les airs supérieurs de médiocres influents, le bruit du voisinage, la ruse merveilleuse des envieux.

Trois femmes : celle-ci te donnera du cœur au travail ; celle-là, par une sorte de grâce, t'apporta la chance, le succès ; cette autre te rend le calme et ta personnalité.

Le moyen de travailler ? S'enfermer régulièrement chez soi entre deux repas ou entre le sommeil et un repas.

La lecture quotidienne de quelques pages de roman joue dans l'activité spirituelle à peu près le rôle du sucre dans l'alimentation.

De belles poésies, des maximes utiles, celui du thé, du café. Dionysos est à la fois le dieu du vin et du théâtre. L'épopée, l'histoire (pas trop analysée) nourrissent comme le blé et la chair ; la théologie, les sciences, les arts, comme des végétaux, des racines, des fruits. Périodiques, journaux : hors-d'œuvre, apéritifs.

Produire exerce mais, à la longue, vide. Lire distrait, repose, isole, mais alanguit. Etudier y remédie, qui nourrit.

Etudie donc au moins une heure. Produis le plus possible. Lis le soir ou par les chemins.

Fichier : les phrases cochées dans ta bibliothèque.

Je ne me rappelle pas assez souvent que mes premiers articles, je les ai écrits six, sept, huit fois en entier (sans compter les remaniements de paragraphes ou d'alinéas, ni les ratures de mots, de lignes, de phrases).

Un article de revue m'a généralement pris (à l'écrire) une semaine.

Or c'est la dimension d'un chapitre ou d'un acte.

Calcule là-dessus ton devoir, pour les heures

quotidiennes de production, — les autres demeurant affectées à l'étude et à l'invention nouvelle.

Prier entretient le Désir, qui est, dans la vie intellectuelle comme en amour, l'indispensable condition pour engendrer une créature vivante.

Quelle force égalerait la faiblesse qui, par le sentiment de l'humilité, nous ramène précisément à l'unique source de puissance !

Sans relâche, recense la liste de tes moments perdus de chaque jour. Celui-ci t'eût donné la lecture d'un chapitre de la Bible ou d'une page d'Homère ou d'une scène de Shakespeare, celui-là quelques étymologies révélatrices, cet autre le compte de tes dépenses ou la rédaction d'une lettre.

Redis-toi qu'en attendant sa femme au déjeuner, Montesquieu a écrit *l'Esprit des Lois.*

L'heure conquise sur le sommeil du matin compte double.

Ta tâche ? Une culture destinée à faire sortir de toi l'Inexprimé.

Et tu dois tout sacrifier à noter cet Inexprimé — généralement désagréable à noter, d'ailleurs, parce que fugitif et malaisé à traduire.

Bonne méthode, maintes fois, que de prendre au pied de la lettre tel aveu, d'apparence hyperbolique, échappé au génie.

C'est ainsi que tu vas un peu plus loin que lui dans une de ses routes.

Commémore-toi : fixe, des couleurs les plus justes et vives, ces moments d'intelligence supérieure...

Et puis te jette à terre, pauvre abandonné, sanglote : acharne-toi, prie, cherche, combine, enfin ne néglige rien pour en arriver à tisser, s'il se peut, de minutes pareilles la trame entière de ta vie.

Ah ! chères idées, encore vagues... mais que déjà l'on pressent plantureuses de révélations,... idées qui, non encore écrites avec assez de netteté, flottez déjà au-dessus de deux ou trois notes essayées..., et vous, fausses endormies qui, en dessous, nous guignez et, de vos lèvres jolies (oh ! rien que du bout des lèvres), chuchotez un petit encouragement timide, à chaque attention qu'on a tournée vers vous..., comme vous nous donnez envie de nous sauver, le cœur battant, à toutes jambes, pour je ne sais où, — en incurables coquebins de l'esprit !

Etudier une langue ne sert pas qu'à la connaître, ni même qu'à mieux connaître notre langue maternelle : grammaire, collection de mots, traduction offrent, de plus, un exercice quotidiennement utile à la faculté de parler, donc de penser, avec exactitude.

Latin : myologie du français. Grec : son appareil de nutrition.

Il faut porter avec soi son cabinet de travail et son théâtre.

Comme à Hugo l'antithèse, que nous serve l'analogie, et notamment la numérique.

Uti soit ta devise : domestique les contingences.

Médecine par le livre :

Bulwer-Lytton a déjà recommandé, contre de grandes douleurs naturelles (telles que la perte d'un être aimé), l'étude d'une science nouvelle. Gœthe y avait eu recours avec succès après la mort de son fils.,

Le même Gœthe, de son côté, nous prescrit, pour nous délivrer d'une passion, la production d'une œuvre où, en allusions, elle s'analyse.

Lord Lytton nous enseigne encore :

Contre les malheurs sociaux (perte d'argent et « autres bagatelles »), la lecture des poètes ;

Contre les querelles intimes ou la politicaillerie, l'histoire (ce fut aussi la recette de Châteaubriand) ;

Contre l'hypocondrie et le dégoût des gens blasés, la lecture des voyageurs (Daudet la pratiqua utilement dans ses névroses) ;

Contre les amours déçues et les chagrins domestiques, celle des biographies illustres.

J'ai traité mes inquiétudes par les *Pensées*, les *Entretiens* et les *Lettres* de Gœthe, par les moralistes en général (Plutarque, Montaigne, La Bruyère, les Pères, etc.) et quelques épistoliers ;

C'est ainsi que tu vas un peu plus loin que lui dans une de ses routes.

Commémore-toi : fixe, des couleurs les plus justes et vives, ces moments d'intelligence supérieure...

Et puis te jette à terre, pauvre abandonné, sanglote : acharne-toi, prie, cherche, combine, enfin ne néglige rien pour en arriver à tisser, s'il se peut, de minutes pareilles la trame entière de ta vie.

Ah ! chères idées, encore vagues... mais que déjà l'on pressent plantureuses de révélations,... idées qui, non encore écrites avec assez de netteté, flottez déjà au-dessus de deux ou trois notes essayées..., et vous, fausses endormies qui, en dessous, nous guignez et, de vos lèvres jolies (oh ! rien que du bout des lèvres), chuchotez un petit encouragement timide, à chaque attention qu'on a tournée vers vous..., comme vous nous donnez envie de nous sauver, le cœur battant, à toutes jambes, pour je ne sais où, — en incurables coquebins de l'esprit !

Etudier une langue ne sert pas qu'à la connaître, ni même qu'à mieux connaître notre langue maternelle : grammaire, collection de mots, traduction offrent, de plus, un exercice quotidiennement utile à la faculté de parler, donc de penser, avec exactitude.

Latin : myologie du français. Grec : son appareil de nutrition.

veau a pour base la régularité des siennes : sommeil, alimentation intellectuelle, etc. Catastrophes et passions, par contre, y jouent le rôle des maladies : elles exigent donc un redoublement de l'attention à maintenir le plus possible de la régularité salutaire. Car le mal, sous ses diverses formes (malheurs, fautes, microbes nocifs, lésions), ne vise qu'à la troubler, et ne vit que d'en troubler le rythme à son profit dissociateur et à notre dam.

Trois péchés non capitaux et pourtant énormes : Bêtise, Mensonge, Malpropreté.

On ignore généralement qu'en outre des quatre vertus cardinales et des trois vertus théologales, la théologie compte trois vertus intellectuelles : Intelligence, Science et Sagesse.

Poussière : mort. Balayage : lutte pour la vie.

Ménage et toilette : humbles emblèmes, non, mise en train de ce combat. L'Ordre en découle : ordre d'abord des papiers sur la table et dans les tiroirs, les cartons ; puis ordre dans les besognes professionnelles et les emplettes ménagères ; ordre dans le budget argent et dans le budget temps (carnet de dépenses, journal intime) ; ordre dans le courrier, dans les démarches ; ordre dans l'étude, les notes, et dans les travaux aussi attentivement passés en revue que ses boutures par le jardinier. Ordre : antidote contre la paresse grise, de laquelle se tisse toute

— la stérile froideur de l'âme par l'*Anthologie*, Chénier et l'histoire des littératures grecque et italienne ; — l'impureté par la fréquentation des églises, où elle se transforme en élans très précieux (mais il faut y rester assez longtemps pour ne pas retomber à la sortie) ; — le découragement par les Psaumes (auxquels les Hébreux, le Moyen-Age et les Protestants ont dû leur vigueur). — La statuaire grecque m'a réussi contre l'ennui et le pessimisme : au contraire, le roman français souvent déprime.

Pour escalader un savoir, empoigne, en guise de rampe, un parti pris. Tu t'intéresses à le suivre, à en éprouver la solidité.

Les Grands Morts aiment ardemment qui les étudie avec un humble amour : ils ne l'aident pas que de leur œuvre et de leur exemple, que par l'impulsion qui s'y prolonge et si vibrante ; mais leur âme, remise ainsi en contact avec notre globe et ses besoins nouveaux, en arrache de puissantes étincelles inspiratrices, se reprend à agir ! Les Chinois l'ont compris : la biographie est un culte où de riches faveurs descendent sur qui le pratique.

Pensée n'est ni sport ni utilitarisme. C'est promenade édénique, attentive à tout et curieuse.

Si la santé corporelle repose en grande partie sur la régularité des fonctions, la santé du cer-

N'est-ce pas ainsi qu'on laisse à dessein son foyer allumé afin que le souvenir de sa chaleur nous engage à rentrer promptement au logis ?

Contre-temps n'aiguisent qu'une volonté lucidement orientée vers son but.

Moins tu te sens disposé au travail, meilleur il sera, si tu sais t'y contraindre.

Trois forces :

La Fièvre — libre, divine, enthousiaste, inspiratrice, audacieuse, inventive, sacrée — et résultant des deux forces ci-après... où il te faudra donc attiser sa naissante flamme ,

La Raison — organisatrice, éclairante, sereine, élargissante, morale, diligente — issue directement, elle, de notre mérite ;

Et enfin le Travail — patient, fidèle, nourricier, fécond — pour lequel toutes les difficultés fournissent autant de points d'appui qu'il soumet tour à tour à notre levier, à notre pouvoir.

Prométhée :

— Du bois lui-même, ce combustible, est-ce que les Sauvages ne savent pas tirer le feu, au moyen d'un frottement actif ? ainsi, des simples matériaux du travail, à force d'activité, finira par jaillir, en dépit des faux dieux jaloux, l'étincelle animatrice.

Dans la sécheresse spirituelle gît la flamme, comme aux silex du sable.

Il n'est d'excitant que le travail.

Les excitants artificiels ne servent qu'aux paresseux : et ils brûlent le foyer.

D'un effort encore faible, la Raison, ingénieuse à l'arranger, tire, savamment, une longue flamme, et son économie en assure la durée.

Athéné :

— Oui.

Et l'habitude du travail assure même ta démarche. L'usage de la raison te donne une allure harmonieuse et grave. La fièvre intellectuelle de ta journée a élargi tes épaules et te redresse plus fier.

N'ajourne point, vain moraliste, d'appliquer les principes découverts. Extirpe dès ce jour, sans te reposer, tes défauts ; le temps presse plus que tu ne crois. Oh ! cours tout de suite, si tu veux en jouir, vers la Terre Promise : sans te précipiter ni t'hypnotiser d'ailleurs.

Mais songe que tu peux mourir, devenir aveugle ou fou *ce soir.*

« Vouloir », cela ressemble trop à « désirer », « falloir » à « devoir »... qui, si aisément, glisse au sens d'un futur, d'une supposition conditionnelle.

Foin de ces auxiliaires ! Le verbe simple, à

l'indicatif, ramené vite d'un futur vers le présent, — tel est le langage de l'activité.

Ne dis donc pas : « Je veux écrire », ni : « Il faut que j'écrive »... mais : « J'écrirai ceci aujourd'hui »... non : « Je l'écris, voyez ! »

Désir de s'échapper, de fuir : premier symptôme de la fécondité intellectuelle. Demeure !

Que de millions d'êtres a perdus la peur de s'ennuyer !

L'ennui mérite les travaux forcés. Il en a besoin.

Le véritable ennui ? la solitude s'avouera incapable de te le fournir.

Voyons, pourquoi te décourager ?

Y a-t-il quelque chose de mieux, de moins lamentable à faire que de reprendre l'effort ?

Le bonheur se tient entre le fauteuil et la table de travail. Hors de là, que d'ennuis et quel ennui !

Lorsque je rentre dans ma cellule, je sens m'effleurer comme le baiser d'une Femme très belle, infiniment tendre et de génie.

... C'est Elle, en effet.

Accepté, l'ennui se fait le premier pas vers la sagesse.

— Contre ce jour de moins, quelle œuvre de plus ?

Benedicite de l'intellectuel.

T'asseyant à table, demande-toi. « De cette chair immolée à ma vie, de ces légumes et de ces fruits aimables, de ce vin et de cette eau, de ces conversations et de ce pain, que vais-je tirer de durable ? »

La Méditation des chaussures :

En glissant les pieds dans tes pantoufles, estime ce que la vie va octroyer d'heures à ta solitude et liberté : fais-en la meilleure répartition.

En renouant tes bottines, récapitule ce que tu as écrit ; et calcule à présent le profit à extraire, en sus, de la journée dite active.

Es-tu bon à quelque chose ? A chacun de tes instants convient dès lors une occupation en vue de ce quelque chose.

Pour allonger ta vie ? Rien de plus facile : raccourcis tes heures. Remplis-les, veux-je dire. Seuls, les moments productifs sont vécus, pleins de saveur. Puis leurs monuments, les œuvres, te les éternisent.

A qui travaille vient même le temps de rêver, — que n'ont jamais les agités.

Les Muses mènent les Heures.

Au réveil, voici, dans l'épique matin, Calliope
Puis Melpomène veille au tragique labeur.

Dehors, Terpsichore te danse la vie. Au retour, la sage Uranie te rendra la sérénité de l'aurore.

Alors Clio la studieuse et l'éloquente Polhymnie s'assoient au pied de ta bibliothèque.

... Mais le crépuscule entre peu à peu dans le cabinet de travail : écoute, écoute chanter Euterpe.

Et sous la lampe, que tu te décides à allumer, Thalie rit, penchée sur ta lecture.

Erato, tu caresseras ce soir le front las qui s'endort.

Mnémè, Aédè, Mélétè, mères mystérieuses, veilleront et travailleront pendant ton sommeil

Les heures de l'hermite :

— Quelle âme impie résisterait à l'aurore ?

« Je considère 8 heures du matin comme le moment sacré pour la fécondité spirituelle. Aussi quelle fierté à 11 heures !

« Défions-nous, défions-nous de 2 heures après-midi : là se lève l'acédie, justement crainte des cloîtres, le tentateur s'y glisse pour injecter l'ennui.

« Ah ! cher crépuscule, longuement béni du rêveur pensif ! »

Qui donnerait à son fils l'habitude à jamais de se coucher aussitôt après le repas du soir le sauverait de quatre-vingt dix-neuf écueils sur cent.

Ce dont Lycurgue a doté une ville, Moïse un peuple et l'Église une civilisation déjà, ce dont Schiller eût voulu doter le monde, — ne te tenterait-il pas de te l'accorder à toi-même ?

Dans chaque convalescence nous nous sentons momentanément affinés, spiritualisés : qu'elle nous inaugure une manière nouvelle de percevoir désormais la vie.

Quelques-uns des adversaires quotidiens : les Désirs du réveil, le Désordre des objets et des projets, les Tentations frivoles ou galantes de la journée, la Badauderie, le Tapage obsédant notre attention, l'Irritabilité (toujours prête à détourner vers de vieilles rancunes la force imaginative, dont nous n'avons pourtant jamais trop), le Désir de sortir, la Torpeur (fréquemment venue de l'estomac), le Gaspillage des quarts d'heure (cette unité monétaire du temps), le Découragement suggéré de mainte sorte (et régulièrement idiot), etc.

— Mais quoi ? voilà précisément autant de thèmes à étudier, c'est-à-dire à traiter du même coup, — à transmuer en œuvres de beauté !

Ce n'est pas en liant la lame de l'adversaire que l'on se tient en garde : l'asservissement d'autrui jamais n'a protégé notre liberté.

Même le désir ignoble de l'or, s'il se fait moins égoïste que celui de la célébrité, devient moins bas, donc moins indigne de l'artiste.

Rien ne prépare mieux que des gens insupportables à savourer une distraction naturelle et paisible. Ils n'ont probablement, ni leur malveillance, d'autre raison d'être.

Orgueil, orgueil, hélas ! seul abri.

Il n'y a de supérieure à la Volonté qu'une force : la Nolonté.

Laisse par conséquent les tyranneaux de ton entourage vouloir leurs absurdités, en ce qui te concerne : réserve ta secrète énergie à ton Œuvre, et abandonne-toi, mais avec elle entre tes bras, à leur hystérie disputante et capricante, tel un naufragé cramponné à son épave parmi l'anarchie des flots contradictoires. Viendra le moment où la tempête s'épuisera et où le flux, que rythme l'astre, te déposera sur la grève avec ton trésor, ta vie.

Ils regardent : oh ! ils voient clair. Ils distinguent même plus de détails incohérents.

Seulement — ils ne contemplent point.

— Vous n'avez pas l'air de vous douter qu'il y a la guerre ! La défaite ne vous serre pas le cœur ?

— Depuis trente ans et plus, vous ai-je reproché de ne point réfléchir avec moi qu'il y a la tuberculose, la misère ?

Souhaitez que les vôtres et vous soyez épargnés. Et chantez !

Une erreur commune voit de l'anormal dans l'inattendu surtout douloureux (passions, maladies, catastrophes, etc.).

De ce que Dieu nous tient, d'ordinaire, en serre tiède afin que nous nous y développions sans secousses trop déformantes, il ne s'ensuit que les extrêmes de la joie et de la torture ne fassent jamais partie de son dessein et de notre destin, — n'aient point une valeur eux aussi, à de certains moments où la spirale de celui-ci se rapproche davantage du définitif.

Au contraire, nous pouvons le constater, cette rigueur exceptionnelle réveille en nous telles résolutions ajournées, que nous avions conçues jadis dans des crises analogues, mais apparemment trop courtes, puisque nous les oubliâmes.

Une pensée s'administre comme une fortune, s'exploite comme une forêt ou une carrière.

Et si la tienne te paraît personnelle, rappelle-toi avec quelle ardeur on pourchasse les moindres papiers de certains morts.

Ne te dédaigne pas.

Ah ! ne plus vivre ! Mais dormir et travailler !

La vie ? c'est la résistance de l'Individu, à peine jailli que déjà le convoite l'anthropophagie collective : de la nature (mort), de la femme (génération), de la banalité sociale (bêtise, guerre).

Dieu t'a envoyé, valet, au marché du monde

avec cette monnaie : les jours, les quarts d'heure. Que comptes-tu qu'il te dira si tu les laisses, l'un après l'autre, tomber dans le ruisseau sans rien acquérir, en échange, de ce que t'offrait pour lui l'univers ?

Le monde ne supporte que le talent. Au solitaire ne plaît que le génie.

V

SPES STAT

I

Mon « journal » me l'a prouvé : il n'y a pas d'époque heureuse dans la vie.

La mémoire seule en crée le mirage.

Les périodes les meilleures se tissèrent de silencieuse patience, d'une sournoise persévérance vers l'œuvre, sans trop de souffrances physiques ou morales.

II

Les vingt ans, si vantés, sont peut-être l'époque la plus triste de l'existence.

Ce cap doublé, l'horizon s'est devant moi, à

part de passagers orages, progressivement éclairci.

Car, à trente, j'avais, du moins, une situation assurée, qui me laissait quelques loisirs, de sorte que la réputation avait commencé, et il régnait maintenant une certaine harmonie dans ma destinée : j'avais, depuis deux années, publié *les 36 Situations Dramatiques*, j'achevais *les Cuirs de Bœuf*, j'étais dans l'enthousiasme de l'inépuisable Moyen-Age, et l'histoire, du coup, me révélait son unité : celle du dogme ; j'étais visiteur des pauvres à Montmartre, c'est-à-dire autour de ma demeure, ce qui me permettait un maximum d'efforts en tous sens : et, chaque matin, le chant des orgues de Niedermeyer m'éveillait en ma haute petite chambre du passage de l'Elysée-des-Beaux-Arts, d'où je voyais dévaler vers l'horizon ensoleillé du sud les dernières pentes de la Butte. A l'angle du toit le plus proche, un petit oiseau familiarisé venait pépier durant que j'écrivais...

Mais, à quarante ans, j'avais réalisé plus beau rêve encore. J'habitais maintenant au sommet de Montmorency : et la plus admirable nature, sous la fenêtre de mon cabinet de travail, creusait la vallée de Soisy, au-dessus de laquelle un élancé vernis du Japon élevait dans le ciel ses bras, ainsi que le patriarche durant la bataille. O tapisseries aux tons effacés des fins d'automne : ô gigantesque bouquet, au printemps, que cette carrière pleine de cerisiers en fleurs, dans laquelle je ne me sentais plus être qu'un minuscule insecte émerveillé ; ô dentelles, à l'infini, du givre hivernal ; ô enivrement des soirs d'or dans l'été byzantin ! J'allais, chaque dimanche, entendre la messe de plain-chant dans l'église exquise, fin reliquaire posé sur son tertre ainsi que sur un socle d'émaux. Critique au *Mercure de France,* j'avais publié mon drame luxueusement, puis *Compère le Renard* et des traductions de Gœthe, de Novalis ; j'avais écrit *l'Art d'inventer les Personnages* et je commençais ceci. Jamais ma santé n'avait été si parfaite et, divinement accompagné par le babil des ruisseaux en pente, les oiseaux et le vent dans les feuilles, déjà s'ébauchait dans ma méditation *Poltys.*

Toutefois j'étais encore un solitaire, un isolé. Or, en approchant de la cinquantaine, à l'heure où je me préparais au déclin, voilà qu'au contraire mon nom s'est un peu répandu, la génération nouvelle m'a appelé, et mes ouvrages les plus anciens, après vingt, après trente ans, se sont affirmés vivaces ; on m'avait traduit à l'étranger, plusieurs fois, allais-je apprendre ; *les Personnages* et *l'Ephèbe* parurent coup sur coup : encouragé par un traité, j'achevais mes romans mythologiques. Chose plus étonnante encore ! Des femmes sont venues à moi pour la première fois, des femmes belles, célèbres, courtisées, de talent et jusque de génie m'octroyant leur sublime amitié. En vain la guerre sauvage se déchaîne et, ruinant mon éditeur, laisse en suspens la publication de *Poltys* : mes deux pièces sont jouées, grâce à cette admirable Mme Lara par qui le théâtre redevient peu à peu le temple.

Courage donc à tous ! Grâce au Guide mystérieux, le lent et modeste voyage va, peut-être, paradoxalement se poursuivre ainsi toujours vers le mieux : et qui sait (dans le cas où je vivrai jusque-là) si les plus belles heures ne m'attendent pas en avant ? Qui sait si je ne goûterai pas un jour, dans la retraite, les splendeurs d'une notoriété authentique où, en tout cas, je saurai que rien ne sera entré d'artificiel, donc d'impur.

O Dieu, soyez béni qui m'avez prolongé la jeunesse et avez tellement dépassé en bienfaits ce que j'osais vous demander sans espoir ; et que surtout votre grâce daigne ajouter tout ce qui me manque à la mériter un peu.

III

Aux quadragénaires qui se découragent :

Jean-Jacques, avant 38 ans, ne s'était occupé que de musique et de comédie : il écrit alors, presque par hasard, son *Discours sur les Sciences et les Lettres*, et il n'écrira qu'à 43 ans celui *sur l'Inégalité*, son véritable début. — La Fontaine (qui commença aussi par le théâtre, imitant à 33 ans *l'Eunuque* de Térence et composant, seulement à 40, *Clymène*) ne donnera ses premiers *Contes* qu'à 43 ans et ses premières *Fables*...

qu'à 47 ! très tard donc il découvrira le naturel. — Malherbe, sauf son *Bouquet à Sénèque* et une imitation du Tansillo, ne commence qu'à 41 ans avec l'*Ode sur la prise de Namur.* — Excepté sa petite relation d'un *Voyage à l'Ile de France*, Bernardin de Saint-Pierre ne débute, lui, qu'à 47 ans, par ses *Etudes sur la Nature.* — Buffon ne fournit ses premières œuvres de style qu'à 42 ans, dans les premiers volumes de son *Histoire Naturelle.* — Rabelais, auteur à 37 ans tout juste d'une *Chronique gargantuine*, n'inaugure qu'à 38 la lente publication de sa grande œuvre. — Flaubert et Baudelaire ne publient leurs premiers volumes qu'à 37 et 36 ans sonnés. — La Bruyère a risqué à 43 ans ses premières pages. — Montaigne entreprit bien de composer ses *Essais* dès 37 ans, mais il ne les a livrés que dix ans plus tard... encore très imparfaits et incomplets. — Rappellerai-je *le Paradis Perdu*, œuvre des 47 ans, ainsi que *l'Allemagne*, de Staël ? Lesage qui tente le théâtre à 39 ans avec *Crispin* et le roman avec *le Diable boiteux*, mais ne nous donne *Gil Blas* qu'à 45 ? Marivaux auteur de pauvretés jusqu'à 39 ans où *la Surprise de l'Amour* lui ouvre soudain sa voie ? Regnard, travaillant dès 33 ans pour les Italiens, mais pour les Français seulement à 39 et auteur seulement à 41 du *Joueur?* Et tant d'autres ?

Encouragement aux quinquagénaires, que dis-je ! aux débutants sexagénaires :

Si, de Cervantès, la première œuvre, *Galatée*, fut écrite à 36 ans, *Don Quichotte* (le plus jeune de nos romans depuis quatre siècles) attendit sa cinquante-huitième année. *Le Mariage de Figaro*, et *le Moyen de Parvenir, les Amours des Anges* de Thomas Moore, les *Colloques* et les *Adages* d'Erasme, *Lazarille de Tormes* de Mendoza et *le Diable Boiteux* de Guevara, *Paul et Virginie*, *Gulliver*, et *le Discours sur l'Histoire Universelle* de Bossuet, et *les Principes de la Philosophie de l'histoire* de Vico, *le Seau enlevé* et *Hudibras*, tout cela exige que plus d'un demi-siècle en ait mûri les auteurs ; et Richardson ne débute lui aussi que franchi le cap de la cinquantaine. La Rochefoucauld ne burina ses *Maximes* qu'à 52 ans, et vers le même âge il produisait ses *Mémoires*. De même fit de Retz. Quant à Saint-Simon, il ne rédigea d'une manière définitive les siens qu'à 65.

Ni Charron n'osa la *Sagesse*, ni Erasme ses *Apophtegmes*, ni Machiavel *le Prince*, avant la soixantaine. Jusqu'au même âge, Marguerite de Navarre travaille son *Heptaméron* et Perrault n'a donné qu'à soixante-neuf ans ses *Contes* si jeunes.

Enfin, c'est septuagénaires qu'écrivirent Buffon ses *Epoques de la Nature*, Barthélemy son *Jeune Anacharsis* et Commines ses *Mémoires* (à soixante-dix huit ans).

... Ainsi, en dehors des lyriques (à condition, encore, de n'y admettre Malherbe ni Chaulieu) — le lyrisme n'offrant trop souvent qu'un feu de paille, — et de nos tragiques (Molière, lui, débute vraiment avec le *Dépit Amoureux* de ses trante-quatre ans, mais ne donne ses grandes comédies qu'après la quarantaine), TOUS nos plus solides écrivains grisonnaient lorsqu'ils se décidèrent à prendre la plume d'une main qu'avaient enfin cessé de troubler les passions trop fortes ou les petitesses trop mesquines de l'existence.

Il était interdit aux Comiques athéniens d'aborder la scène avant trente ans, il fut longtemps interdit aux Orateurs grecs d'aborder la tribune avant cinquante. D'Eschyle, la plus ancienne tragédie qui ait survécu, *les Perses*, date de sa quarante-septième année ; l'*Orestie* est de la soixante-deuxième. Sophocle avait au moins cinquante-cinq ans lors d'*Antigone*, la première en date de ce qui nous reste de son théâtre, soixante-cinq lors d'*Œdipe-Roi*, et près de quatre-vingt-dix lors d'*Œdipe à Colone*. Et même Euripide avait de quarante-deux à quarante-sept ans lors d'*Alceste* (l'aînée des pièces que nous avons de lui) ; sa pathétique *Médée* est de la cinquantaine passée, ainsi que son *Hippolyte*, dont le jeune Racine n'a pu dépasser l'ardeur avec *Phèdre* ; il était presque octogénaire lorsqu'il écrivit *Iphigénie à Aulis* et les *Bacchantes*.

IV

Notre figure définitive n'apparaît qu'avec les poils blancs... Naïf et trop voluptueux adolescent, que ces mots ne te fassent pas horreur ! La figure vraie de Hugo, par exemple, ne date que de Guernesey : laisse aux petites dames leur idéal du « beau poète » à mine de coiffeur.

Car il faut, au contraire, que l'homme ait fait l'expérience que l'amour, excitateur au début, est ensuite devenu injurieux à la pensée grandie et que — par delà l'amour — il ait rejoint la sérénité, longtemps perdue, afin d'y exercer son efficacité bienfaisante et totale.

La vieillesse doit être une apothéose.

Car la jeunesse est éternelle. Elle monte, comme une flamme : quel jeune homme pourrait trépigner tout le jour et sauter, danser avec l'ardeur d'un petit enfant? si le sexe s'éveille pour la puberté, quels sentiments plus vastes gonfleront la poitrine de la mère et de l'homme d'action ! De même, aux étincelles des vingt ans le brasier allumé du génie ne répand qu'à la fin sa plus pure et immortelle clarté.

« La bataille est perdue, mais il est temps encore, avant la nuit, d'en gagner une autre », dit le jeune Desaix survenant à Marengo.

Jamais trop tard donc, ô vieillard. Mais jamais trop tôt, ô adolescent, rappelle-toi de ce même Desaix, tombé précisément ce jour-là, le bref destin. Plus d'un qui mourut à vingt-cinq ans avait, d'un viril ciseau, dégagé de sa gangue la gloire pour toujours ailée. Or qu'était-il sept ans plus tôt? presque un enfant, encore au collège.

Dans toutes les conditions, dans tous les temps, plus d'un, en moins même de sept années, a conçu, porté et mis au monde ébloui son génie et son chef-d'œuvre.

DEUXIEME PARTIE

I

ECOUTER, REGARDER, FREMIR

Idéographie : Classification des idées : Mimique.

Il ne s'agit pas, bonnes gens, d'inventer une langue de plus, si on veut remédier au trop grand nombre de celles qui existent déjà... sans les vôtres.

Il ne s'agit même pas d'étendre l'usage du latin — qui permet pourtant de se faire comprendre partout où la Croix a pénétré avec quelque prêtre, quelque missionnaire, c'est-à-dire presque sur tout le globe.

Mais est-ce que, du moins, les chiffres 1, 2, 3, etc., ne sont pas intelligibles de la quasi totalité des nations, quoique prononcés diversement? Or, en quelques centaines de rubriques, les Dictionnaires Analogiques rangent tous les mots du vocabulaire. Elles peuvent elles-mêmes s'ordonner par dizaines, comme se subdiviser à volonté.

Un simple nombre donc, de 5 ou 6 chiffres, représenterait idéographiquement, chaque mot, que chacun prononcera tout haut à son gré dans sa langue, et dont il lui aura suffi de noter le signe arithmétique sur son dictionnaire national.

Au besoin, ce nombre pourrait être remplacé par un simple geste.

Car les gestes ne sont pas innombrables. Et j'ai pu en donner une notation aussi précise que celle de la musique.

Ils sont accomplis par les 76 parties mobiles de notre corps, lesquelles se dirigent vers l'une des 6 directions (haut, bas, arrière, avant, droite, gauche) que représenteront les quatre murailles, le plafond et le parquet d'une chambre : quadrillez ces 6 parois comme une table de Pythagore, et vous aurez dans le détail toutes les directions où vous pourrez lever votre index, chacune de vos phalanges, votre coude, votre épaule, votre genou, votre nez, etc.

Les anciens notaient de même les intonations de la voix, et Racine avait refait cette invention pour la Champmeslé : la note *parlée* vaut environ la moitié de la note musicale, mais, en sus, chaque voix contient plusieurs timbres, servant à autant d'expressions.

La puissance de la voix va diminuant, depuis la clameur invraisemblable des nouveaux-nés jusqu'au petit crécellement de cigale des vieillards.

Le centre des plaisirs du tact est aux reins : c'est là que nous jouissons délicieusement du passage de l'eau, d'un souffle de l'air, de la douceur de notre couche. La femme connaît bien ce plaisir-là quand on la prend à la taille. Et un chat y dirige par les contorsions de son échine la main qui le frôle.

Les endroits où s'exerce le « raccrochage » des filles favorisent l'inspiration.

Dans le sourire de la bonté complaisante et faible s'esquisse déjà — ô inquiétude ! — le sourire vil.

Nos sculpteurs ne savent plus que les diverses expressions du visage s'étendent à tout le corps. Je suis persuadé que le sourire fameux de la Joconde existait jusque dans ses orteils.

Spartacus :

— Une machine, c'est, en somme, un de vos gestes, schématisé et confié à l'une des forces de la nature, asservies.

L'hermite :

— Et que de vacarme pour peu de besogne ! Comparez-lui plutôt le jeu taciturne de nos organes, le vol silencieux de l'oiseau et la nage du poisson, la muette explosion de la graine perforant d'un tendre fil verdi le sol dur, ou le tourbillonnement imperceptible à l'ouïe et formidable des électrons, du globe ?... On dirait que la discrétion est la signature du grand Artiste.

Autos : gros souliers à roulettes.

L'ouvrier apparaît à sa place dans l'automobile.

L'avion abolit la propriété foncière, individuelle.

Sous l'importun bourdonnant entre le ciel et lui, le propriétaire terrien, que dis-je ? le vagabond, n'ont même plus le sens de la liberté, à savoir de l'isolement jusqu'au zénith.

Va-t-il falloir, mon âme, te réfugier aux Catacombes, au nadir du tombeau seul libérateur, du très saint sépulcre ?

Une des joies du cycliste que l'attitude quadrumane.

Le train, vipère, s'élance en sifflant ; la bicyclette grelotte, moustique ; l'auto, c'est le hanneton ; l'avion, une libellule... industrielle ; et le dirigeable, une grosse guêpe bourdonnante.

Physionomie de la machine : celle, rudimentaire, du jouet. Elle attendrira, plus tard.

Depuis son « attaque » (1914-1918), l'Européen donne des signes indéniables de paralysie : il ne peut même plus se construire des abris. Le Jaune, le Noir, le Rouge commencent à s'intéresser au spectacle.

Vagues de la mer, jeux de l'enfance, analogies naturelles, sculpture de Rodin, pensée de la femme : leçons à notre « précision » mécanique et ses raideurs d'ataxie.

Spires :

O Thyrse chanté par Baudelaire, — et brandi dans les Dionysiaques ! — Serpent des vieux mythes touraniens, — double serpent du caducée, — serpent d'airain élevé par Moïse !

Spirale au long de laquelle — chaque planète, court en valsant autour de l'axe — de son soleil lancé à travers l'espace! — Triangulée par la durée — comme par la perspective — tu nous fournis la ligne de beauté, — la ligne ondulée d'Hogarth — et cette proportion — pyramidale et multipliée, serpentine, par 1, 2, 3, — que Michel-Ange proclame la plus parfaite, — car tu traces le propre dessin — du retour — en la main de Dieu, Cause-Finale, — qui a jeté, jadis, devant lui — le cosmos emmi l'espace et les siècles des siècles !

N'est-ce pas en spirale aussi que l'énergie végétale — à l'inanimé s'arrache — ponctuant par les feuilles ses étapes — autour de l'axe de sa tige — vers le ciel? — et c'est en spirale que se love — à tous les degrés — chaque premier effort nouveau de la forme animale, — en spirale que tourne son système digestif ; — c'est en spirale que montent — à leur début aussi — le vol de l'avion et de l'oiseau, — comme celui de la fumée !

Voluntas : volvere.

S'ils ressemblent à nos récents historiens de l'art grec, les historiens futurs du nôtre réuniront, pêle-mêle, — pour « décrire et comprendre complètement » la sculpture de ce siècle, — les têtes de cire de nos coiffeurs, les Rodin, les poupées des bazars, les soldats de plomb, les bondieuseries de la rue Bonaparte, — et ils nous entrelarderont la chose de leurs bavardages avec leurs restaurateurs, guides, blanchisseuses, etc... Méthode scientifique, paraît-il.

L'histoire de l'art n'est qu'une longue plainte, un écrasant témoignage contre les conquérants destructeurs.

« Moyen-Age » et « Renaissance Italienne », quelle absurdité de les opposer !

Ils ne furent nullement successifs, mais contemporains. Songez que des maîtres tels que Brunelleschi et Donatello sont du XIVe siècle, et que, comme le Dante, Giotto et Cimabue sont du XIIIe.

Il y a bien plutôt entre cet art et le nôtre un

rapport analogue à celui de l'Ionisme et du Dorisme, aux origines également orientales.

La première tradition que nous ait laissée l'antiquité grecque, c'est de nous affranchir de la tradition.

Leur valeur mise à part, je n'aime pas la conception des « gisants », des « pieta », à cause de l'horizontalité et roideur infligées à la forme humaine, dont la mission est souple et verticale comme l'arbuste.

Suite : le Bernin, la sculpture de notre XVIIIe siècle, et le goût jésuite. S'y rattachent, en lettres, la tragédie de Voltaire, le style de Diderot et l'éloquence de la Révolution.

Ah ! futuristes, vous avez déjà existé vingt fois : aux temps des Hycsos, des Vandales et de bien d'autres. A quoi donnèrent-ils naissance ? à un art sans originalité aujourd'hui discernable. Rien de plus vieillot que le chaos, rien de plus « passéiste ».

Art spontané : art ataxique. Ils croient prôner la pétulance de l'enfant et n'induisent qu'à la sénile incontinence.

Dada ? non : gaga.

Il bave sur les Maîtres. — Mais... s'en rend-il bien compte ?

On peut, mes petits enfants, admirer la Joconde sans briser la Samothrace ni le Beau Dieu d'Amiens, et Claude Monet sans cracher sur Claude Lorrain, ou Gœthe sans traiter Dante de paltoquet.

Tels châteaux (Versailles, Saint-Germain, etc.) se silhouettent comme des couronnes ; les cathédrales, comme des hennins.

Les lyriques du XVIIe siècle, ce furent ses jardiniers.

Horloge : moulin que le fleuve du temps fait tourner et où l'on entend craquer les grains des secondes.

Le jardinier fou :

— Place aux jeunes ! — criait-il en abattant les plus beaux arbres.

Triste parc ! plus rien que des baliveaux.

Séduisant et reposé, le célèbre sourire de Monna Lisa n'en est pas moins de la même famille que celui de Descartes et du Bouddha.

Il y avait en Grèce, en Egypte, en Chaldée, en Perse, partout, des industries et des commerces et leurs locaux et des moyens divers de transport, modifiés constamment. Ce n'est rien de tout cela qui a fait les monuments, — qui a subsisté.

L'art utile ? eh oui, un chou-fleur. Permettez que plutôt je respire cette rose... Au fait, à quoi sert l'utilité ?

Du principe de convenance.

Marion Crawford : — Tout objet qui remplit son but a sa beauté propre.

... N'est-ce pas définir surtout le clysopompe ?

Rien de moins ressemblant que la plupart des photographies d'amateurs débutants : c'est-à-dire sans tricherie de pose, d'éclairage ou de retouches, — sans art.

Un héros éternuant, Lamartine à la selle seront difficilement reconnaissables.

Une découverte, disait Chevreul, est une hypothèse vérifiée. Un chef-d'œuvre, c'est une découverte.

Peu nous chaut même, aujourd'hui, que *l'Homme au gant, la Femme hydropique* et tant d'autres portraits aient ou non « ressemblé ». Tant c'est peu l'exacte reproduction qui importe!

La réalité « laide », ce n'est que de la réalité mal regardée, par des yeux que gênent (surtout chez l'ignorant) les bésicles de la convention.

Arrachez-les, et regardez : regardez encore, passionnément... et voici s'avancer l'Inédite Beauté.

Telle fut l'histoire de chacun des chefs-d'œuvre aujourd'hui les plus classiques.

Les Grecs ne se décidèrent que tard à sculpter la nudité féminine, et longtemps Aphrodite même dut être vêtue. Mieux : « *Il n'y a pas longtemps* — dit Platon — que les Grecs croyaient encore, comme le croient aujourd'hui la plupart des peuples barbares, que la vue d'un homme nu est un spectacle honteux et ridicule ».

Nos architectures, nos industries ne sont pas plus de la vie artificielle que le nid composite de l'oiseau, le miel des abeilles ou les madrépores. Nos villes et nos voies ferrées n'y sont pas plus étrangères que la fourmilière ou la toile d'araignée.

Chacune des formes de l'art (bien loin qu'il soit imitation servile) consiste à exclure d'abord un des côtés du réel.

La peinture répudie le relief, et la sculpture la couleur, alors qu'il semblerait si naturel qu'on n'en eût conçu les œuvres qu'à la fois modelées et peintes !

L'idéalisme schématique, le style précédent le réalisme.

Visiblement, les Grecs auront commencé, à l'instar des Egyptiens, par modeler des pièces rapportables : têtes, bras, poitrines, jambes, pieds ; car il en reste la trace dans leurs plus beaux chefs-d'œuvre, où ils se sont arrêtés, sur la voie du réalisme, au point où ils allaient perdre le « style », d'origine hiératique.

Leurs enfants, voire, auront, jusqu'à la fin, de

petites têtes, comme les adultes ; leurs poitrines d'adolescents resteront des poitrines mamelues de quadragénaires ; les traits du visage, dans ceux-ci, sont souvent féminins, les sexes d'hom me presque pareils à des sexes impubères ; toutes les attitudes gracieuses de leurs dieux et de leurs héros ont été, visiblement, empruntées à l'enfance.

L'art grec ne fut pas une originalité sans racines, mais une Renaissance. Ainsi Homère a certainement repris des formes très anciennes qui s'étaient desséchées, vieillies, et les a rajeunies de son sourire... *presque comme l'Arioste les romans de chevalerie :* car on peut voir chez lui un excès, relativement décadent, de luxe esthétique, pour peu qu'on le compare aux récits, aussi touchants et pathétiques, mais combien plus sobres et *de lignes plus pures*, que contient la Genèse. Son affectation d'archaïsme et la recherche de simplicité dans les mœurs fourmillent de contradictions amusantes... qu'on n'a pas encore relevées. De même, n'en déplaise à Napoléon, son idéalisme conventionnel en matière militaire : presque pas d'estropiés (après dix ans de guerre !) ni de blessés, de malades longtemps épuisés, chasteté stupéfiante des simples soldats durant l'interminable siège et des matelots ithaciens au cours de dix ans de vagabondage, etc., etc. Et s'il est admirablement vrai, c'est non pas en comparaison avec l'étonnante Bible, mais seulement avec les livres écrits depuis, et imités de lui !

La mine du passant le plus distrait, du paysan sur sa glèbe ou du solitaire est encore affectée et menteuse, voire à leur insu. Comparez-la à celle de l'homme endormi !

L'exécutant, l'acteur doivent s'effacer entièrement devant l'auteur... comme celui-ci devant son sujet.

Le génie chez l'acteur, c'est qu'on ne pense plus qu'à l'œuvre jouée.

Ce qu'on appelle — à contre-sens -- le grand acteur ne champignonne que sur des œuvres médiocres, ou que sur des œuvres classiques... jusqu'à l'indifférence.

Il y a quelque chose de généreux dans une belle voix qui chante.

La musique donne aux conversations de l'emphase. Elle les entraîne en son hyperbole.
De même les contemporains d'un compositeur n'en sauraient parler sans outrance dans le blâme ou dans l'admiration.

Rien ne prouve mieux la bassesse esthétique de nos modernes que leur absence à la Messe, le dernier des grands spectacles de beauté profonde, et vivante.

Pour le Chinois, pour le Grec ancien, la musique (lisez leurs philosophes) eut une valeur efficace, une énergie que nous ne soupçonnons plus, et aussi étendue qu'au Moyen-Age l'influence de cette architecture où **tous** travaillaient, en priant ; c'était, de même, un art d'utilité sociale, dont la moindre modification entraînait d'énormes conséquences.

La Saltation ou mimique a eu, chez le Romain et, semble-t-il, chez l'Egyptien, chez l'Hébreu, chez le Chrétien du temps où se sont formés les rites, un caractère hiéroglyphique non moins impérieux.

Tel geste de bénédiction...

On se délasse du travail cérébral, machinalement, par des griffonnages. On s'encourage, dans le travail manuel, par des chansons.

Raison des arts.

	1 Architecture,				2. Musique,	
3. Sculpture,		4. Peinture ;	=	5. Mélopée,		6. Mimique
	7. Mathématiques,				8. Métaphysique,	
9. Sciences physiques,		10. Sciences naturelles ;		11. Morale, (psychologie, droit, politique)		12. Logique

(1 : musique pétrifiée, dit Novalis ; art visuel et statique. — 2 : architecture vivifiée, dit Gœthe ; art auditif et dynamique. — 3 : reliefs d'un monument accentués et évidés. — 4 : parois d'un monument approfondies et remplies.)

Nul des chefs-d'œuvre, je veux le croire, n'a été anéanti. Sa forme seule s'est évanouie ; sa virtualité travaille à jamais l'humanité. Et, lors de la Résurrection de la Chair, quand tout reprendra sa vraie place, ah ! qu'ils ressurgissent !

N'en déplaise aux esthéticiens *a priori*, la Statuaire a précédé l'Architecture : car on sculptait dès les cavernes, dès avant la maison ; c'est l'achèvement de l'outil et de l'arme de chasse ; les nomades ont des idoles sous leur tente ; et, jusque dans nos arts classiques, le Grand Sphynx est antérieur aux Pyramides, et c'est d'abord la Grèce, à l'âme statuaire, qui se lève, en Europe.

Mettre l'architecture à l'origine des arts? autant supposer le théâtre antérieur au lyrisme, la maison antérieure à l'homme !

Musée : chronique des conquêtes de l'œil. Qui ne voit pas comme les peintres nouveaux voit encore avec les yeux des morts, — avec des yeux morts.

Quelle fraîcheur d'aurore aux miniatures et chez les Primitifs ! Puis, le matin resplendit, heureux, dans la Renaissance italienne et flamande, fleur magnifique. Malgré les nuages amoncelés sur la Hollande et l'Allemagne huguenotisées s'obstinent les ardeurs estivales, presque desséchantes, de Bologne, de Naples, d'Espagne et de notre Claude Lorrain. Voici maintenant les grâces maladives, nacrées, de l'automne et du jour déclinant dans Watteau, Boucher et Reynolds. Ah ! mélancolique long soleil jaunâtre de David et de l'Empire : les feuilles tombent. Mais tout à coup l'horizon s'enflamme par le Romantisme !... Puis, contre la nuit croissante, délayante, du réalisme bitumineux, luttent nos pauvres yeux qui papillotent dans l'impressionisme.

D'instinct, en face du clair de lune japonais, est-ce que s'opposeraient nos expositions à la lumière électrique ?

« Trop de statues ! » — Mais ce sont vos piédestaux qui encombrent ! Une statue raisonnable ne tient pas plus de place qu'un passant ou un bec de gaz.

Logez, voire, ces chères silhouettes en tant de niches vides (façades du Louvre, fausses fenêtres) ou contre les murailles des maisons.

Jouet pour des enfants : une boîte des Animaux Antédiluviens.

Il n'y a que le livre et la statue qui aient porté le nom de leurs auteurs à travers cent générations. Un crayon et un cahier d'écolier, une poignée de glaise et un ébauchoir taillé dans la première branchette venue, voilà les moyens vers la seule gloire durable. Car la statue dit le corps par Dieu modelé, et la poésie l'âme immortelle, le Verbe.

Que l'Hellène merveilleux n'ait connu ni l'œillet ni la fraise, qui le croirait à savourer du regard sa statuaire de la décadence ?

Pas plus que la parodie aristophanienne, la grande caricature n'est simplement une critique : elle a également, dans sa fantaisie, le caractère poétique, c'est-à-dire créateur.

La Beauté renaît de la Pureté et du Courage.

Dans la race blanche, je ne vois guère que l'Allemand et le Russe d'aussi généralement laids que le Français. Encore tels Soudanais, tels Cambodgiens, tels Maoris dépassent-ils singulièrement en beauté nos compatriotes.

En Touraine et dans maintes provinces, le petit peuple des campagnes (touranien? finnois?) présente les types délicats, aristocratiques, tandis que la bourgeoisie commerciale, industrielle, ouvrière a l'air grossier, paquet.

Le profil est plus viril, la face plus molle et féminine. La face est plus comique, le profil plus tragique.
Ressemblance entre la calotte du ciel et la convexité du crâne...

A travers l'armure de sa beauté, le regard d'une vraie femme vous épie plus loin que ce que vous savez de vous.

Le soleil dans les yeux donne un sourire héroïque.

Les instincts à leur paroxysme — haine, luxure, cupidité, etc. — rétrécissent la prunelle, donnant ainsi au regard une fixité terrible.

Transformés au contraire en « idéaux » — sentimentalité, méditations — ou, du moins, mêlés à ces rêves, ils la dilatent et adoucissent.

De même que le nombril, originel, est à la moitié de la hauteur humaine, l'œil est à la moitié de la face : il se tient à l'intersection du front (domaine de l'esprit) et des joues, du nez, contrée où frémissent les passions. De son côté l'oreille attache à celle-ci la mâchoire, les instincts. Or l'œil évoque l'art plastique, l'oreille l'art musical.

Au lieu que les paupières de l'être en état de sérénité soient, l'inférieure, droite sous la courbe d'autant plus large de la supérieure, — c'est, chez l'être en état d'amour insatisfait et malheureux, la paupière inférieure qui se cave et tire les angles comme pour absorber la paupière supérieure, maintenant réduite de largeur. Du coup la prunelle apparaît plus haut et assombrie, outre que métallique. Ajoutez que le regard de l'amoureux monte vers le ciel de dessous un front mélancoliquement incliné. Et vous éprouvez l'impression de vous trouver devant un être... à l'envers.

Une identique physionomie, la vraie évidemment, reparut dans la Française sous la Révolution, en 1870, en 1914 : tandis que l'œil se creusait et le visage se rétrécissait, plus sec, avec un menton en pointe, la taille s'aplatit et la jambe s'enhardit et se roidit.

C'est (chose étrange !) dans le corps, et particulièrement dans les membres inférieurs, que réside la beauté spécialement humaine.

Car il y a de nobles têtes de lions, voire de cerfs, etc. Mais dans les pattes, sèches comme bois ou lourdes comme pierre et informes, de leurs femelles, ni même dans leur abdomen, banalement tendu en sac d'une peau rudimentaire, et au sexe trivial des mâles, vous ne trouvez ni la proportion admirable et le charme invincible des jambes de la femme, ni le sexe si gracieux au repos qu'a chanté Anacréon, ni les plis, les ondulations du ventre élégant.

Chez les maîtres italiens et chez Watteau, la main a l'air intelligent d'un visage. Et jusqu'au pied même, tout le corps dans certaines statues grecques. Tandis que la tête de l'Anglais — peuple sans statuaire — s'élève des épaules telle qu'un poing tendu.

Tout l'Anglais a l'air d'un poing levé, ou d'un pied, ou de dents. Le Franc était archichevelu, le Gaulois archimoustachu et le Lombard archibarbu. Le Touranien se dresse tout en torse, et le Scandinave tout en jambes. Le Juif est tout en nez ; l'Assyrien était tout en biceps et triceps. Le Nègre est tout lèvres et mâchoires. Le Grec, tout œil. Dans l'Egyptien, ce qui frappe, ce sont les épaules ; dans le Chinois, c'est l'abdomen ; dans l'Allemand, le postérieur.

Chaque race ne serait-elle pas un organe ?

Le développement de la poitrine et du courage, à nous cambrer, dresse notre front vers le ciel. Le développement du ventre, nous creusant les reins, finit par nous courber les épaules et humilier la tête (vices, misère, esclavage, décrépitude, etc.).

L'animal n'enlaidit jamais autant que l'homme. Et la femme enlaidit plus que l'homme. Supériorité ? responsabilité ?

Est-ce qu'à l'exemple de l'individu l'humanité va survivre à sa beauté ?

Beauté ? si mince pellicule ! Enlevez à Hélène son épiderme : l'épouvantable écorchée ne gèlerait-elle pas le plus ardent désir ?

La beauté ne dirait-elle pas l'âge d'un peuple ? Les Grecs ne sont plus beaux.

Dans les races belles, les hommes sont plus beaux que les femmes. Chez nous, c'est l'inverse.

Avec génie, dans les Assomptions, l'art présente rayonnante de jeunesse la Vierge, quoique sexagénaire.

Fards ni kohls n'ont, dans un visage féminin, les vertus de la méditation créatrice.

Arborant une nouvelle harmonie d'idéals, chaque belle appelle un nouvel art, c'est-à-dire un nouveau cri du désir, — un nouveau peuple vers la vie, vers la gloire.

Et parce qu'on y reconnaît une Idée inédite, on se sent le frère et servant de chaque jolie femme.

Moins de blondes se teignent en noir que de brunes en blond. Et les fards imitent surtout les teints nordiques.

En revanche, l'homme s'accommode admirablement du hâle, si viril, et de la franche et royale allure de l'Arabe.

Le blond et le nègre sont, chacun, quasi monochromes : l'un ensoleillé, l'autre nocturne. Tandis que, chez le Méditerranéen, il y a antithèse et contraste entre le cheveu, la barbe, noirs d'encre, et le teint, blanc. Dualiste, il offre un total.

Temps gris : gravure sur acier.

Le pouce ne représente-t-il pas la tête de la main, dont l'index et le médius, qui l'aident aux travaux délicats (écrire, peindre, coudre, manger, etc.), seraient les bras, et les deux autres doigts, agiles, les jambes dextre et senestre ?

Il n'y a pas, ô artistes, que le visage qui dorme dans le sommeil : le corps, le ventre, les mains n'y ont pas seulement une attitude abandonnée mais une expression de rêve, eux aussi, très différente de la veille.

Boucherie analogique : la viande du bœuf rappelle la chair virile (voyez les Rubens), celle du mouton la chair ronde de l'enfant, celle du veau la chair de l'adolescent et de la vierge, celle du porc (la plus humaine) la chair de la femme.

Rien d'aussi logiquement faux qu'un miroir, où la droite se fait senestre, et réciproquement !

Par son expression personnelle, chaque femme séduisante illustre l'un des modes, l'un des instants de la volupté.

Chaque physionomie est une expression fixée : c'est-à-dire une idée, donc une phrase, avec un mot capital.

Et il y a des visages-substantifs, les uns abstraits, les autres concrets, les uns primitifs, les autres dérivés, des visages-verbes (voire temps, modes ou voix), des visages-épithètes ; et il y a des visages presque réduits, par la distribution du travail ou les conventions, à l'état de simples prépositions, articles, adverbes, etc.

De sorte que la foule sur un trottoir déroule devant l'observateur un extraordinaire discours, haché, de songe et d'instinct.

Ah ! retrouver le mot qu'est chaque passant...

Car chacun illustre un des états, radicaux ou composés, de l'Ame humaine : un des instants donc, aussi, de son histoire depuis les origines.

Car le temps, dites-moi, que peut-il être sinon la successive apparition, au premier plan, de chaque être à son tour, de chacun entre ce milliard et demi d'états d'âme, coexistants mais successivement disposés en ordres divers ?

Motif de fontaine : tenez, ce gamin qui tend sa menotte sous le jet d'eau en étreignant le rocher d'un geste si câlin de sa soif.

Beau sujet de nu : Bias proférant l'*omnia mecum fero*.

Toute harmonie est une réconciliation. L'art nous réadapte à l'univers.

La beauté, ce n'est peut-être jamais que la jeunesse des choses.

Une belle vieillesse, qu'est-ce encore sinon un air jeune sous des cheveux blancs ?

Rien n'accuse aussi profondément les rides qu'un air de luxure, de dénigrement ou d'incrédulité.

Ce furent toujours les renouveaux de la foi qui rajeunirent arts et sociétés.

L'art, cet être fier et pauvre, n'a recours que vieux ou mutilé à cette béquille, le luxe.

Le sublime : du beau inachevé, en croissance ? Le beau : du sublime fini ?

Le devoir ? un ordre intimé par la Beauté. Aime-la, et il te deviendra doux.

Idéal : angélique parodie des laideurs. A l'instar du parodiste derrière les chefs-d'œuvre, cours derrière celles-ci pour démasquer la beauté qu'elles recèlent.

Les élus « chantent » la gloire de Dieu. Ils ne se contentent donc pas de la constater.
Qu'est-ce à dire ? Qu'ils sont devenus *tous des artistes* et qu'ils ont tous du talent, du génie.

Art et Poésie sont éloges. Chanter, c'est essentiellement louer, s'accorder au noble rythme de l'objet.
Même la caricature, oui, la satire et la comédie louent... ce qu'il y a d'amusant, de divertissant et de cadence dans les inconsciences, les vices et les chutes.

Si le beau est « l'expression du vrai », c'est donc Dieu qui parle dans l'art.

Esthétique : suspecte courtière. Technique : loyale servante.

Proscrivons Wagner, proscrivons Kant, proscrivons tout ce qui vient d'Allemagne !
— La poudre aussi ?

L'école dite décorative restera toujours à la peinture de chevalet ce qu'un volet, si bien orné soit-il, est à la fenêtre large ouverte sur la nature.
Et les arts décoratifs demeureront à l'Art ce que les applications industrielles sont à la Science.

Chaque « style » eut sa Béatrice.

Le siècle XIX aura été celui du Tuyau.
Tuyaux, les manches ; tuyaux, les pantalons ; tuyau, la redingote ; « tuyau-de-poêle » sur la tête ; tuyaux phalliques des usines (et ithyphallisme littéraire à la fin) ; tuyaux des locomotives, et tuyaux leurs corps.
Et ç'aura été le siècle *noir* : charbon des machines, pessimisme, athéisme, deuil des vêtements.

Jamais époque n'a vécu dans le « style du temps » : puisque nous trouvons encore des fauteuils Louis XIII dans les châteaux, à plus forte raison s'y asseyaient les gens de la Régence ou de Louis XVI.

Proches les jours où les pastiches d'un Anatole

France et de nos puristes iront rejoindre ceux des ébénistes du faubourg Saint-Antoine.

Considère ces quatre grands compagnons : le Lit d'amour et de mort, et le Coffre, propriétaire, la Table et le Siège ; ces trois génies tutélaires : la Lampe, le Foyer, l'Horloge ; et tous ces menus serviteurs : la Marmite et le Plat ; le Flacon et l'Assiette et le Verre ; la Cuiller, la Fourchette et le Couteau (enfants de la pelle, du trident et du glaive). Comme ils te sont dévoués toute la vie ! Parfois, posant ta Plume près de ton Livre, ne lèveras-tu pas les yeux pour leur accorder un bref regard d'amitié ?

Chers petits dieux masqués..

Jamais la mode masculine ne s'est inspirée de la féminine. Tandis que l'inverse a lieu constamment.

Les deux couleurs favorites de nos villageoises pour leurs robes — bleu ou vert —, comme elles s'accordent gaiement avec un bouquet quelconque dans leur main brune ou avec la vivacité de leur teint ! ne sont-ce pas du reste les deux couleurs du ciel et de la terre en été ? Et peut-être les répartissent-elles en idéalistes et en sensuelles.

« Les plis » a dit Gœthe « sont les échos multiples de la forme humaine ». Corollaire : Les meubles et la maison sont les échos fixés du geste humain. Y tolérer la laideur, avec sa mère la non-convenance pratique, c'est accepter pour lui la déformation et, progressivement, l'ankylose.

Jolie fête à instituer : défilé, successivement dans chaque ville de France, de tous les costumes régionaux, avec les bannières des villes et des corporations, avec commémoration lyrique, narrative, théâtrale de tous les saints locaux.

L'usage immémorial du fard (dès le temps des cavernes) atteste la constance d'un même et universel idéal esthétique dans le genre humain : celui d'un teint éclatant.
Il s'atteste également chez le Noir comme chez le Jaune par leur désir de l'être blanc et rose.

L'attrait d'une ville inconnue s'exerce d'abord par ses églises et par ses filles.

Au lieu d'ériger en statues nos hommes illustres, etc., complets, plantons, à la mémoire de chacun d'eux, un arbre d'essence appropriée et portant leur effigie en un petit médaillon à la hauteur du regard. Bois sacré ! bel endroit où promener nos enfants.

Regardez naître, dans ce ruisselet, trois choses immenses : la Vue (ce reflet), les Ecailles du poisson ou de l'armure, et la Reptation, première forme de la marche.

A boire, qui sait si l'on n'absorbe pas des reflets ?

Veux-tu comprendre un Arbre ? D'abord, imite — au moins en pensée — tous les gestes de ses branches et rameaux, de ses feuilles, en remontant depuis la torsion des racines et souvent du tronc, jusqu'au faîte : il y a là tout un discours mimé à Dieu.

Ne m'ensevelissez pas ! qu'une barque porte mon corps sur un récif, où viendront se le partager les oiseaux et l'emporter à tous les vents du ciel !

De même que *Polyeucte*, *Esther* et *Athalie* continuent la tradition des « miracles » et « mistères », St-Eustache m'apparaît la synthèse de la France : voûtes médiévalement construites dans la courbe du XVIIe siècle, avec l'ambiance et fréquentation, si moderne et si rustique, de la rue Montmartre et des Halles.

Ce ne sont pas toujours les églises ni les femmes les plus belles ou les mieux parées qui enchantent davantage l'âme.

Dans une église, l'intérieur importe avant tout : et de créer l'atmosphère, les recoins de pénombre et d'isolement nécessaires à chaque créature en prières, — en larmes.

Bizarrement, Hugo n'a pas mis un seul épisode de sa « Notre-Dame de Paris » à l'intérieur de la Cathédrale, et il inflige à ses héros une vie de chats de gouttière.

Hélas! petites stations perdues, que ne dites-vous, autrement que par un écriteau, l'âme de vos localités que nous ne connaîtrons jamais ? humbles masures des garde-barrières, mais encadrez donc mieux le geste de la paysanne au drapeau rouge, sphynge emportée déjà par la distance...

Un moulin : la croix y descendit, du clocher, pour broyer le blé eucharistique ; et c'est la Passion qui tourne au cadran du ciel.

Le champ regarde le ciel face à face.

Il y a des oiseaux qui crient, il y en a qui pépient, il y en a qui fredonnent, il y en a qui gémissent, il y en a qui chantent, il y en a qui appellent, il y en a qui composent, il y en a qui raillent, il y en a qui discourent, il y en a qui bavardent, il y en a qui ronronnent, il y en a qui soupirent.

Presque tout, dans la nature végétale, porte la physionomie féminine, ainsi que les paysages dans leur ensemble.

Que la nature est distinguée !

Il est absolument indispensable que les Poètes

rebaptisent les variétés des fleurs. Substituez vite de gracieux noms, mythologiques ou légendaires, à ces grotesques patronymes de généraux, de fonctionnaires ou de propriétaires, dont les ont affublées nos horticulteurs.

Dans la statue que l'artiste modèle, la brute ne voit que de l'argile, de la boue ; dans la beauté, que de la chair.

Lui-même, Schopenhauer, confesse la splendeur du cosmos : seulement cette « lanterne magique » ne le console pas de souffrir. Qu'en conclure — sinon que Dieu a posé, pour but à sa création visible, le beau et non pas la volupté, le bonheur ? Nous ne devons pas viser à jouir, mais à créer.

L'art pour l'art ? non. Ce n'est pas assez. Mais tout pour l'art.

Les grandes époques l'ont compris, qui nous ont laissé tant de belles choses, tant de belles actions !

Aux œuvres de troisième ordre dont s'encombre le riche, préférons les reproductions, même incomplètes, des plus fiers chefs-d'œuvre.

PARMI LES HOMMES

Dans un restaurant que tu essaies, observe si les habitués ont le teint frais. Dans un salon, s'ils ont des visages souriants.

Au début de toutes relations nouvelles, il se donne, comme en musique, une clef, qui ne cessera de tout commander.

Les amis, généralement, se groupent par trois, plus un qui sert de lien avec quelque autre groupe : loi bien observée dans « Les Trois Mousquetaires », « l'Œuvre », etc.

De même que par trois points, on ne saurait mener qu'une circonférence, de même trois épithètes bien choisies devraient définir un caractère.

Au philosophe ancien (Platon, Aristote, etc.), la cité offrait simplement l'image agrandie des caractères humains.

Ils en comptaient une demi-douzaine s'engendrant les uns les autres dans une évolution à peu près fatale qui menait rapidement un Etat de sa fondation à sa décrépitude, à sa perte.

Ils reconnaissaient le règne de la Tête ou âme raisonnable dans la Monarchie, patriarcale et théocratique, et dans l'Aristocratie (domination de l'élite, — de la classe instruite, précise Aristote) ; le Cœur ou âme irascible, passionnée l'emportait, selon eux, dans la Timarchie chevaleresque (république d'Aristote) ; le Ventre ensuite triomphait avec l'Oligarchie ploutocratique et la Démocratie, qui se disputaient la richesse ; et ils comparaient enfin la Tyrannie au despotisme du sexe.

Quelques malades du verbe :

L'homme aux parenthèses dans des parenthèses à l'infini. L'esprit sautillant, incapable de suivre une idée. Le rabâcheur. L'idémiste, redisant en d'autres termes ce que l'on vient de dire. L'homme à œillères.

Grosse voix : signe fréquent de grossièreté. Volontiers, fats nasillent. Voix traînante : parasitisme, nonchalance. Le désir donne aux vierges des intonations poussées avec effort. Pour le provoquer, certaines ont une diction prenante, presque haletante.

La belle saison le remplissait d'anxiété, parce qu'elle se modifie avec une rapidité terrifiante : il n'osait plus la regarder ! Tandis que, le triste hiver revenu, entre les immuables murailles de ses livres aux voix millénaires, frileusement abrité, il respirait, murmurant : « Enfin, un peu de trêve. »
Mais la *season* s'en mêla...

Ceux qui débutent jeunes emportent plus facilement le succès : peut-être parce qu'ils montrent surtout leur talent et ne laissent pas encore percer leur originalité vraie.

Je n'aime pas être heureux. Le bonheur m'inquiète.

Nous devons quelque chose de plus que la vertu.

Qu'il y a peu de monde à l'église et au bain !

A la campagne, les préoccupations d'argent et les idées les plus élevées se mêlent harmonieusement.

L'iconoclaste se montre dur ou grossier à la femme.

Femme : possibilité d'un grand peuple !

C'est l'exact opposé de la pudeur que la pudibonderie : c'est la délectation morose.

Pourquoi des gens célèbres est-ce toujours la sexualité qui préoccupe les sots ? que de suppositions saugrenues ! Ne pourraient-ils changer un peu ? les accuser, par exemple, de manger avec leur derrière ou de faire pipi par le nez ?

Après avoir, tant d'années, fondé les plus vastes espoirs sur l'anéantissement en nous d'un péché ou d'un vice, quelle amertune, hein ? la victoire obtenue, de se trouver aussi médiocre que devant : sans récompense royale d'avoir consenti à la santé !

Dans votre âme, comme dans vos entrailles, ont lieu des fermentations, dont le travail vous attriste et qu'il vous faut, j'en conviens, évacuer. Mais que ce soit dans la solitude. Ne nous empoisonnez pas de vos « vapeurs » !

Toujours ce sont les oisifs qui se déclarent affolés, exténués par leurs petites occupations.

Notre place n'aurait-elle pas été prise par tels prêtres sans vocation ?
Notre lâche incrédulité ne nous en aurait-elle pas privés ?

Certaines semaines, il règne en nous un grand, un insupportable silence.

Souvent l'ennui provient de ce que, dans le calme retrouvé, on s'attarde à l'habitude de l'agitation précédente. Le remède est de se laisser détendre, de se résigner au rythme normal.

Quand l'âme a la fièvre, fréquemment le fiévreux l'ignore. Qu'il se tâte le pouls : je veux dire qu'il observe comme, tour à tour, la sensation du temps s'abrège et s'allonge.

Tu t'ennuies toi-même : et tu t'étonnes que je t'évite ?

Tristesse, langueur, ennui : visages des lendemains de guerre ou de révolution comme des lendemains de crime et de honteux délire.

La plupart se regardent vieillir avec stupidité.

Le « beau poète ». Mais Baudelaire ni Verlaine, Banville ni Ste-Beuve, Vigny ni Lamartine, le Tasse ni le Dante, Eschyle ni Tyrtée, n'étaient jolis garçons !

Fais le grave personnage, le bénisseur ou la brillante légèreté : il n'y a que l'homme vrai qu'on ne prenne pas au sérieux.

Seulement ce sont les grands naïfs qui mènent le genre humain et ses habiles.

Mieux que pas une, la vie simple est attachante, exquise : mais combien osent en essayer assez longtemps ?

Pour bas d'esprit que se montre le bourgeois, il respecte encore la pensée, sous les misérables espèces du pédantisme. Tandis que le dernier hobereau, comme le manuel déjà, se croient naïvement des droits à regarder de haut le Génie en personne. Atavismes de barbares.

Politesse : élégance à la portée du plus pauvre.

Il n'est de sot complet que celui qui se moque.

De bonne heure, le railleur a l'air vieillot.

Visage honorable ne ricane pas.

Notre folie de mouvement, bien loin de signifier progrès, civilisation, ne nous ramène-t-elle pas à l'agitation de l'enfant et du nègre ?

Ce délire ambulatoire rappelle encore ces mourants qui se mettent à descendre de leur lit, à fuir par la chambre. Eux aussi éprouvent le désir de s'évader hors de l'espace... que leur état leur rend inhabitable.

L'immobilité contraint à la méditation : « car que faire en un gîte »... ?

La « vie fiévreuse » du mondain, du brasseur d'affaires !... Hem, l'est-elle davantage que celle... d'un chef de gare, plus esclave qu'eux de l'heure, des responsabilités, etc ? Il n'en est pas ivre pour cela, non plus que ne le fut de tout temps le petit médecin de quartier, sollicité de nuit comme de jour par l'imprévu, par des questions de vie ou de mort.

Et je crains bien que l'affectation de nos gens ne cache simplement beaucoup de désordre, beaucoup de paresse.

Les inutiles ne demandent qu'à vous donner, dans la fade comédie de leur destin, le rôle d'une « utilité ».

L'art seul m'a sauvé du suicide.

— La noble main, calleuse, du travailleur.

— Et le pied du facteur rural, citoyen ? et la vulve de la fille publique ?

On s'étonne que ces passionnés amis des bêtes n'empaillent pas leurs enfants ou ne fassent pas de leur mère une descente de lit avec tête « naturalisée ».

En temps de guerre, la fille de cuisine d'un Herschell le traiterait d'inutile.

Certes l'espion, le vidangeur, le militaire, le geôlier et, selon quelques-uns, la catin et le bourreau sont indispensables à la collectivité. N'en évite pas moins, si tu peux, leur besogne.

L'âme généreuse rêve de supériorité ; l'âme mesquine, de suprématie.

Il a fallu que Dieu revêtit l'aspect d'un criminel, exécuté par voie de justice, pour retenir l'attention des hommes.

Le pithécanthrope n'est peut-être pas derrière nous, mais devant.

Péché : acceptation de la démence.

La civilisation se développe là seulement où peuvent survivre le plus de faibles. L'adolescent frêle et le convalescent sont des poètes, et le vieillard un sage.

Pour monstrueuse que soit une pareille illusion, les médiocres s'estiment, puisque formant la majorité, supérieurs au génie : et la théorie que celui-ci n'est qu'une maladie a obtenu dans leurs rangs une fortune qu'on ne soupçonne pas encore, et d'où résultent déjà beaucoup de malheurs.

Sport · exercice creux. Il est au travail ce que l'onanisme est à l'amour. En développant le muscle, il affaiblit la vie de l'organisme. Et Platon, Aristote, tous les sages, tous les observateurs de l'antiquité, s'accordaient à le condamner.

Le niais ne connaît de distraction que le plaisir.

Vocations inconscientes de ces riches ne trouvant à se divertir qu'en de basses besognes, soigner des bêtes, en massacrer, conduire une voiture, « bricoler » comme les ouvriers, se farder comme des filles, etc.

Notre province nous fait comprendre comment se momifia la Chine.

Les boudeurs : légitimistes, prudes, obscurantistes, protestants, avares, provinciaux.

L'orgueil se nourrit des outrages qu'il provoque.

Vanité : masturbation du moi.

A voir l'air important de l'imbécile, on se demande parfois s'il ne se rendrait pas compte qu'il n'y a de place, dans ce monde, que pour lui.

Ratés ? La Rochefoucauld ne fut-il pas un raté de la politique, Claude Bernard un raté du vaudeville, Schiller un raté de la médecine militaire, et Rousseau un raté de l'office ? Ne l'oubliez, ô trop réussis !

Etre=s'avoir. Exister : se tenir hors.

Identiquement, avarice et prodigalité s'arrogent un prétendu droit de possession, et non de simple usage, sur les biens, sur l'or, dont elles jouissent bestialement, au lieu de les transformer, avec l'ingéniosité due, en vie active pour tous.

Défie-toi, hélas ! des cœurs reconnaissants : ils accaparent sans y songer un bien que tu peux plus largement répandre.

Le prodigue étant incapable d'apprécier ce qu'il donne, il se trouve que seul l'économe peut être charitable.

Les issues des maladies, voilà les plus beaux souvenirs de notre enfance : ils en sont comme l'essence, tant la nature y apparut plus merveilleuse, la famille plus tendre et chaque animal, chaque objet paradisiaquement ami .. Et qu'est en effet l'enfance, la naissance, que l'exode hors d'une douleur ?

De là sans doute le sentiment, si profond en nous, que celle-ci purifie, renouvelle, — élit.

Remords et fatigue physique produisent dans l'âme une inquiétude analogue.

Ne savoir jamais, en nos troubles, s'il s'agit de nos nerfs ou de notre conscience !

Ironie : rancune d'un enthousiasme déçu.

La bienfaisance, la justice consistent à distribuer le moins dérisoirement possible, des secours, des peines ; le courage du héros à avoir peur le moins souvent possible, de même qu'à se tromper le moins souvent possible, la clairvoyance du prêtre, du médecin, de l'homme d'Etat.

Exquise fleur à cueillir qu'un regard de vraie gratitude !

A l'opprimé, qui ne reproche d'être peu sûr ? voyez-vous ce marche-pied qui se dérobe !

A mesure qu'on se sent moins *être*, on désire nécessairement plus *avoir* : d'où l'avarice chez le vieillard, et le goût des honneurs chez l'intelligent qui décline.

Plus dura la richesse dans une famille, plus on y a de savoir-faire à exploiter le pauvre.

— Les coquelicots, me disait un paysan beauceron, c'est *noble* : ça mange tout.

Lubriques, grimaçants, agités, ricanants, malfaisants, qu'ai-je à faire dans cette cage aux singes ?

Doctrine du risque : attrait du profit illégitime, régression vers quelque délinquant ancestral, démoralisation collective et prodrome de la guerre.

Quand tu l'entends prêcher officiellement, graisse tes bottes.

Gens du monde respectent les usages, et gens de cœur les convenances profondes.

Obèse, veux-tu maigrir ? Monte des étages : décide-toi à voir des pauvres.

L'enfant, le riche et le fainéant s'imaginent de bonne foi que l'humanité fut créée pour leur usage.

Pour bien s'assurer que votre amitié est désintéressée, tel riche vous exploite : et il en tirera vanité.

Ces millionnaires pendus à nos basques pour nous demander quelque petit service...

Compassion : gymnastique où nous nous assouplissons à souffrir un jour avec moins de raideur, moins de peine.
Jeu sublime : tel l'art.

La plus fréquente cause de notre égoïsme vient de ce que notre terreur confond le malheureux avec le malheur dont il porte les coups : nous craignons, dans le vieillard, la vieillesse, dans le difforme, la laideur, dans le déshonoré, la honte.
Les valides, cette minorité, n'ont aucune autre raison d'être que, guerriers, garde-malades, savants, artistes, manuels (ou, au moins charitables) de défendre les souffrants.
Qu'ils ne fassent pas faillite !

Ce pauvre paradis du malade indigent : pouvoir rester au lit avec sa cruelle souffrance.

Loin de renier lâchement la laideur, l'Art des Maîtres ne fut, chaque fois, que d'en considérer bien en face une nouvelle région : d'y découvrir, d'en dégager une beauté inédite et de la montrer aux êtres favorisés, afin qu'ils sortent de leur insensibilité fossile et se préparent à moins désespérer, à moins de platitude quand leur heure pathétique sonnera.

L'*Iliade*, l'*Orestie* ne sont pas du Berquin. Pas d'ordure que n'ensoleille Rembrandt. « Toutes les femmes sont belles », proclamait Rodin.

« La vanité des artistes. » — La mère ne se montre-t-elle pas vaine de son enfant ? l'en blâmez-vous ?

Quoi ! votre épicier aura le droit d'affirmer sa marchandise incomparable, et point l'artiste ?

... C'est que vous n'enviez point votre épicier.

Ni orgueilleux ni modeste : on ne se connaît pas, voilà tout.

Ne vous créez pas, je vous en supplie, d'illusions sur mon compte : vous me les feriez, par la suite, payer trop cher.

Voici longtemps que Racine, après bien d'autres, a prouvé que l'artiste accepte l'ombre et le silence décrétés par l'envie, entre sa *Phèdre* et son *Esther* (douze ans), puis après son *Athalie* (toujours) : mais qui y a le plus perdu ?

Faute d'un Molière ou d'un Shakespeare à

cette tâche, on a mal étudié l'Envieux jusqu'à présent. J'ai, pour ma part, constaté son vice chez des gens gais, sociables, florissants, voire excellents et que j'aurais honte de ne plus aimer, tout en discernant le mal affreux qu'ils répandent presque à leur insu.

Une des lâchetés contre l'esprit.
A qui émet une idée nouvelle, l'envieux déclare devant l'auditoire que c'est chose déjà connue, — quitte à la plagier plus tard avec d'autant moins de péril qu'il s'est préparé d'avance, en cas de réclamation, l'excuse d'avoir puisé dans le domaine public.

Il y a, dans chaque groupe, une place excellente à prendre : celle de l'homme à qui l'on accorde tout, argent, succès, appui, dans le désir de faire pièce à qui les mérite.

Comme ce brave ami se montre soudain ombrageux, lui si indifférent d'ordinaire, devant la moindre apparence d'une vexation pour nous aux endroits nécessaires à notre pensée (bibliothèque, réunion d'esprits, théâtre, journal, etc.)!

Nos proches nous aiment jusqu'à hauteur d'épaules.

L'égoïsme n'est-il pas d'autant plus coupable que la personnalité est plus petite ?

Quel âpre besoin a-t-on de nous voir ridicules !

Avant d'envier autrui, demandons-nous si nous sommes prêts à accepter ses malheurs, même secrets.

De deux époux qui se disputent, le survivant continuera presque toujours les errements de l'autre. Ne crois donc pas trop, ami, à leur désunion : ils pourraient bien s'entendre, à l'occasion. contre toi.

Célimène est bien le féminin d'Alceste : tous les deux déchirent leur entourage.

Digne torture du méchant qu'il ne peut rentrer dans la Vérité sans y mettre en lambeaux sa propre nature.

Représailles : créances que l'homme sait mal recouvrer. Qu'il les abandonne ! et des démons ingénieux s'en emparent, qui n'en laisseront rien perdre.

Quelle imprudence d'avoir donné à *il* et *elle* un commun pluriel masculin ! Voici qu'elles ne veulent plus rien entendre, bientôt, des préceptes communs à l'humanité.

Les protections sont des effets de commerce.

Eternellement, au coquin, l'honnête homme semblera un sot, et au sot l'homme de pensée un fol.

L'homme d'action n'a jamais été que le manœuvre de quelque contemplatif antérieur.

Insolence : marque naturelle de l'âme servile. — Mais ces nobles ? — Leurs mères eurent trop de valets, mon cher.

« Rosserie » : pseudonyme de la « muflerie ».

A de certaines corruptions, la vertu ne semble pas séparable de la grossièreté : d'où, sans doute, ces airs brutaux.

Les vérités morales ne sont pas relatives, mais tâtonnantes, — incomplètes et, l'une l'autre, souvent complémentaires, s'éclairant.

Qu'importe, par exemple, si l'Européenne voile son ventre et telle Africaine son visage ? Elles sont d'accord sur le voile : sur la nécessité d'ajouter à la pauvre chair le Mystère par la pudeur — où qu'elle se pose.

Le *jiu-jitsu* du coquin : te suggérer que tu es dans quelque situation fausse.

Profils affrontés :

A. — Le Faux Pauvre feignant une humble gratitude devant le Faux Philanthrope feignant la bonté, sans être, d'ailleurs, dupes l'un de l'autre.

B. — Le Faux Brave troussant la Fausse Innocente.

Le visage en œuf, avec sourire à la cantonade, de qui vient de trahir l'amitié.

Il y a un « boubourochisme » de l'amitié.

Qui *s'abandonne* à une émotion, à une douleur, déjà il les affecte.

Se duper de son propre mensonge, voilà où l'hypocrite cherche la sincérité.

Ces quarts de poignées de mains des fripons : craignent-ils déjà les menottes ?

Xantippe ne laissait de ressource à Socrate que de ne penser pas à elle.
Elle se supprima ce grand cœur.

— Il fait trop de projets. — Il y a trop de fleurs, disent les niais en avril.

— C'est cela, sortez un peu, allez chez vos amis, allez voir jouer ce chef-d'œuvre. Il faut bien *vous distraire un peu.*
Galant, mais le front haut, mon fils, — réplique-lui sans retard:—« Oh! vous vous calomniez; c'est ici *que je me distrais.* Là-bas est ma tâche virile. »

On se fait un jeu cruel des neurasthéniques. La susceptibilité maladive du Tasse, de Jean-Jacques ou de Dostoïewsky fut certainement cultivée, développée à plaisir par un entourage perfide.

Tel apparaît le type accompli d'une race inférieure.

Chez certains, l'entêtement n'est qu'une instinctive et légitime crainte de leur versatilité.

Ce qui nous livre aux coquins, c'est que nous ne réfléchissons pas qu'il faut peu d'esprit pour tromper.

Il existe un mysticisme du mal.

Dans tout timide que vous mettez à son aise, vous découvrez un impulsif.

Ainsi que la vierge, le vrai timide haïrait, pour un peu, qui n'a pas raison de sa crainte, puis, ainsi qu'elle, se fie sans mesure, ensuite, à qui l'a violée !

Dans tout sage, il y a un craintif. Dans tout craintif, il y a le commencement d'un sage.

Pourquoi fut-ce toujours à de pauvres hères qu'on attribua la manie de la persécution ?

Quel succès de romancier, pour Dieu, que notre amour de la vie ! Car en elle-même, c'est un fait probable que nul n'aurait le courage de la recommencer identique, comme ont dit les

Goncourt, ni, donc, de la vivre même une fois si on la voyait d'avance.

Ainsi la seule curiosité nous attache à son intrigue bien ménagée.

Honte au bourreau qui tue quelques coupables ! Gloire au héros qui massacra tant d'innocents !

Les natures pauvres en pitié, quand elles veulent la manifester, d'abord cherchent quelque responsable à accuser ou frapper.

Si haut que la gloire balaie sa poussière, le sang et les larmes en font de la boue.

Le goût du meurtre se tapit, au Midi, surtout dans les individus ; au Nord, surtout dans les nations.

Que penser d'une humanité où même Socrate et Moïse ont été des homicides !

Est-ce un cheval qui tombe, elles crient ; est-ce un homme, elles rient.

Rien ne manque davantage qu'un souffre-douleur.

Bonté : signe, comme pour le fruit, de la maturité de l'âme.

S'il n'y a de supériorité, ainsi que l'a de si

haut proclamé Beethoven, que la bonté, la majeure partie des filles publiques est supérieure à la moyenne des femmes honnêtes.

Oui, ceux qui sont aimés des Dieux meurent jeunes... à quelque âge qu'ils meurent.

Quand il fait son éloge, un homme s'aime ; quand elle fait le sien, une femme veut se faire aimer.

Subir l'injustice me rassure.

Orgueil de la jeunesse : orgueil... sur hypothèques.

Orgueil : nom que nous donnons à notre vanité. Vanité : nom que nous donnons à l'orgueil d'autrui.
Le dévot en est quitte pour baptiser dignité son orgueil et orgueil la dignité de son prochain.

Comment un hobereau ne meurt-il pas de honte à sentir battre dans ses veines le sang d'Adam le jardinier, et de se savoir ce parent pauvre, le petit menuisier de Bethléem ?

Mésalliance. Mais en quel sens ?
— Mes aïeux ont pris Jérusalem avec Godefroy de Bouillon !
— Et les miens, deux mille cinq cents ans plus tôt,... avec Josué.

La pauvreté du riche m'apparaît lorsqu'il pénètre en mon modeste logement. Elle se trahissait moins parmi son décor distrayant et somptueux, où la sauce, comme on dit, fait passer le poisson.

Une race des maîtres ? Je n'aperçois en toi, barbare, que l'esclave ivre des anciennes saturnales.

Rien de plus long à acquérir que la fausse distinction.

Cette manie dualiste, chez les esprits religieux, de trouver partout, jusqu'en science, en art, en histoire, etc., un côté du bien et un côté du mal — une droite et une gauche ! — serait-ce pas cette outrecuidance de « juger » que précisément interdisait Jésus ?

L'amour filial est fait de remords.

Devant les tortures d'un être cher, on n'ose réagir contre la déprimante tristesse comme on le fait du moins quand on souffre soi-même.

Ce n'est qu'après avoir perdu sa mère qu'on se sent vraiment mortel.

Bénie la pluie qui permet de pleurer dans la rue sans qu'on le remarque !

On oublie : on ne se console pas.

Sans notre bêtise, pourrions-nous supporter l'existence ?

Un visage de tristesse résignée séduit les petits enfants.

On ne se sait que dans les crépuscules solitaires.

Le plus cruel de l'automne : ces soleils roses, annonçant déjà les « belles journées d'hiver ».

Nos qualités souvent nous obtiennent les peines expiatoires de nos fautes.

Ce mur du fond de notre moi...
Et l'Etre que l'on pressent, masqué, derrière.

III

CE CŒUR

Il n'y a qu'une science qui ne vieillisse point : la science du cœur humain.

Deux phénomènes surtout me frappent dans l'étude du caractère individuel : son hétérogénéité et sa constance.

Peut-être n'aime-t-on jamais un être, mais seulement beaucoup de choses dans cet être, — outre, bien entendu, celles qu'on y suppose.

L'amour est complémentarisme.
L'attraction universelle, l'affinité chimique aussi peut-être.

Le journal intime d'un amour ne vous rappelle-t-il pas « Mes Prisons » de Silvio Pellico ?

Amour : schisme dans la personnalité.

Quoi qu'en disent les mondains, c'est surtout chez les manœuvres que la passion atteint son paroxysme : parce qu'ils ont l'esprit encore plus inoccupé. Vive la Muse, qui nous sauve !

L'un des caractères les plus accentués de l'amour, c'est cette hallucination interne qui multiplie les images de l'aimée, les mêlant aux visions réelles du dehors jusqu'à l'affolement.

La coquette doit s'informer des âmes ébranlées par quelque maladie, deuil ou choc quelconque. Elle appellera auprès d'elle, d'un air compatissant, le sujet choisi : elle lui exhibera tout à coup, brutalement, telle partie, pas trop connue, de sa chair et dont elle soit assez contente pour l'avoir tenue en réserve ; que cela se passe dans un décor, une heure ou des circonstances notables. Elle y ajoutera ses inflexions de voix les plus singulières (la clarinette est la voix de la femme aimée, disait Berlioz), une mimique rare et des paroles mystérieuses, aussi impudiques d'intention qu'il soit possible mais avec la faculté de n'en pas convenir, grâce à un peu d'équivoque, en cas d'insuccès.

Positive toujours, elle reste certaine qu'il n'existe, au fond, qu'une chose : la petite secousse. Aussi entends les intonations déjà ironiques ou sournoises qui lui échappent. Elle méprise à bon droit les sentimentaux, qu'elle a, dès l'enfance, dépassés en son expérience précoce.

Chercher l'Amour parfait ? Pourquoi pas la Haine intégrale, la Pensée absolue ?

Imaginez un pauvre sire s'ingéniant à rager jusqu'à l'épilepsie, ou à se surprendre sur le point de réfléchir !

« Impatientez l'homme pour le mettre dans son tort, donc à genoux. »

L'amour, quelle initiation aux mesquineries et aux petitesses !

Dans un nouvel amour, chacun apporte le reflet et l'écho sur soi de son amour précédent, avec ses mines, ses locutions, ses intonations, ses rythmes et toute sa nature jusqu'au fond imprégnée : de sorte que ce qu'on vient y lécher tendrement n'est que l'enduit laissé par le prédécesseur. De sorte que nous voilà tous unisexuels par transmission !

Aime-t-on désespérément, on ne tarde pas à être aimé d'une autre, prise à ce puissant reflet.

Non sans quelque regret, le plus pur adolescent prend sa route vers la virilité : afin de rejeter sa délicatesse, il a dû l'insulter en lui, et en rire, avec mépris pour l'androgynat.

Quelque temps encore, il lui manquera des

cloisons suffisamment étanches entre les divers compartiments du cœur.. Qu'il ne s'en trouble.

Comme la Passion par excellence, toute passion ne serait-elle pas expiatrice?

On se voudrait Dieu pour servir qui l'on aime.

Obsession amoureuse: impression d'un « corps étranger » introduit dans la conscience.

De même que l'alcool émousse le goût, l'amour rend fade la vie dans les intervalles de ses émotions.

L'amour reste, ne lui en déplaise, indépendant de son objet. Tel a pu le faire naître, dont tel autre bénéficiera : le premier ne sera parvenu qu'à créer le déséquilibre nécessaire.

Méconnaître la sincérité de sa passion chez l'écrivain parce qu'il s'analyse, autant douter que le médecin puisse être malade.

Il y a dans l'imagination de l'intellectuel, de l'intellectuelle, un curieux mélange de bestialité et de naïveté.

Si de toute affection humaine, fût-ce la plus honnête, il nous faut souffrir, cela ne tiendrait-il pas à ce que la dilection est acception de personne, — donc injustice?

Le loup aime bien l'agneau. Il ne peut même s'en passer.

Il rôde, en l'amour charnel, une anthropophagie. D'où les sadiques.

Dans une peuplade océanienne, on donne, le jour de sa puberté, une vierge au jeune homme, qui la violente, puis la tue et la mange à son déjeuner du lendemain

Baiser trop appuyé.

Même se faire tuer pour quelqu'un ne prouve qu'on *sache* l'aimer. L'égoïste et stupide avare se fait bien égorger sur son sac d'écus.

Sans femme tu entreras au cercueil.

Amour : déséquilibre. Au lieu de dépenser la partie en excès, y égaler le reste, telle est la méthode mystique.

Le sexe se tient à l'intersection de l'Individu et de l'Espèce : d'où son aspect informe, comme pour tout ce qui fait transition ; sa physionomie? celle des êtres rudimentaires de la zoologie.

Misogynie : katzenjammer.

L'amour : un chat qui joue avec sa queue.

Quoi ! pour mon absurde désir, me voilà forcé de disputer, ma Dame, au nourrrisson tes seins et aux W.-C. tes... hanches avec ton hiatus génito-urinaire !...

Le célibat est le fruit de toute civilisation supérieure.

La vie conjugale est contre nature : l'animal ne la pratique jamais que très courte. Seul l'homme pervers a inventé la promiscuité perpétuelle afin de multiplier les poissons dans les « peinards », les œufs dans sa basse-cour, les troupeaux dans ses étables et les esclaves, les soldats dans la cité.

Elle est à base de vice, puisqu'elle entraîne des rapports superflus à la fécondation.

Quoi d'étonnant si le prêtre, le penseur, l'homme véritable fuient la sale promiscuité du lit conjugal, l'atmosphère nauséabonde, au matin, de la chambre commune, et les ordures de la puériculture ?

Il arrive qu'un chagrin profond, qu'un élan sincère vers Dieu (ah ! comme le démon nous bafoue !) par contre-coup éveille en nous les plus imbéciles hantises érotiques : tentations sans désir et d'autant plus humiliantes.

Ne t'étonne donc pas, Baudelaire, si de la luxure parfois bondit, tel que d'un paradoxal tremplin, providentiellement l'âme.

Si l'on s'est, bien avant le christianisme, tant révolté contre l'organe sexuel, cela ne vient-il pas de ce que la Nature y a réuni deux images du genre de celles... qui se font antithèse dans l'acte nutritif ? peut-être les méduses connaissent-elles une pudeur de la faim.

M'aimer ? Vous ne connaissez même pas ma pensée, mon œuvre. Alors, quoi ! c'est ma viande ?

Séduction : vol « au poivrier ».

Dès qu'une femme veut un homme, c'est tout au plus s'il se présentera, au début, une occasion ou deux de s'échapper : ensuite, sa destinée est écrite d'avance.

Feins tout de suite d'être conquis afin de te garder un espoir de te reprendre. Raison d'être de la galanterie.

Ce n'est pas tant d'aimer qui est le danger, qui est la faute, que de se croire aimé.

De même qu'aux autres vices, la peur de la dépression nous retient ou nous ramène à la passion, excitante, enivrante. Qui nous en montrerait l'issue au contraire agréable, il nous déciderait à guérir.

Claude de Saint-Martin se sentait d'une espèce plus délicate que les femmes.

Le Latin est cynique, le Germain hypocrite. Le Celte est grivois, ce qui représente un compromis.

Tous ont peur.

Amour de tête ou de sens donne parfois l'inspiration temporelle ; amour de cœur, l'inspiration religieuse.

Le prêtre seul, grâce à la confession, connaît la femme : aussi comme, en dépit du dédain qu'il ne dissimule guère, elle lui en est reconnaissante !

Nos braves romanciers avec leurs héroïnes qui ont un amour, deux amours, trois amours tout au plus dans leur vie, — ou, sinon, sont des garces ! En avez-vous si peu ressenti, Messieurs, même... successivement ?

Si fort qu'ils se surveillent, entre deux êtres qui s'aiment il y a toujours une harmonie d'attitudes.

Dans l'adultère, il n'y a pas que le mari de cocu, il y a aussi l'amant.
Quel l'a été le plus, sinon Don Juan ?

Vous prendre votre femme parce qu'elle est belle ? Est-ce qu'invité, je mis jamais les couverts dans ma poche, mon cher ?

On séduit certainement plus d'épouses que de jeunes filles. Déjà le tiers des naissances est de bâtards : nous pouvons donc évaluer que, parmi les naissances « légitimes », deux sur trois résultent d'adultères. Or, en ceux-ci comme ailleurs, les rapports féconds ne représentant encore qu'une minorité infime, voilà de quoi rêver sur le nombre des cornards...

Passion à base d'envie, l'adultère convenait admirablement au Germain : aussi *Werther* et *Tristan* l'ont-ils idéalisée.

Ne pas souffrir de la jalousie ? Autant nous engager à manger gaiement d'un plat où le voisin s'est mouché.

Jamais la jalousie chez elles ne tue le désir. Aussi ont-elles en ses vertus une confiance excessive.

Elles égarent de leur mieux sur leur compte, et puis s'indignent qu'on ne les comprenne pas.

Femme facile, mon fils, n'a plus rien à craindre. Ou cela ne tardera guère.

Que de travail Célimène s'impose... au bénéfice du trottoir !

Quel jeune homme beau et riche se donnerait la peine d'exciter le désir chez de vieilles dames?

Beauté inexpressive : paysage sous un ciel gris, désolant, spleenétique. Tandis que le site le plus âpre, illuminé d'un rayon, séduira l'artiste.

Blesser qui nous aime ? le diminuer ? Et vous traitez d'imbécile l'homme qui estropie son cheval !

Quatre espèces de jaloux : celui qui tue le rival, celui qui tue l'objet partagé, celui qui se tue, et celui qui tue son amour.

Pour piquer la jalousie, encore faut-il se calomnier provisoirement soi-même. Or, « il en reste toujours quelque chose ».

Fils de la nuit et sanguinaires, les chats ont, ne dirait-on pas ? le sens d'un péché originel. Le péché serait-il pas le félinisme du cœur, où rôdent tant d'espèces ?

Un vice fait parfois effet de cautère : et l'homme qu'il nous induit à mépriser se trouve déjà, en réalité, un saint quant aux profondeurs humiliées et douloureuses de son âme.
A plus forte raison en va-t-il ainsi pour la femme.

Nos vices ne sont tous que des vertus encore maladroites.

En amour, le vice n'ajoute jamais rien, mais il retranche toujours quelque chose à l'acte complet.

Pédérastie : pédantisme.

Obscénité : désespoir d'aimer.

Quel plaisir au monde égalera jamais celui, amer et enorgueillissant, de s'en passer !

Qui n'a besoin de violer en soi une minuscule résistance nerveuse avant de porter les lèvres à un nouvel épiderme ? et n'éprouve ensuite le besoin de réitérer, comme pour *achever* la mystérieuse pudeur en lui blessée ?

« Tout animal est triste après l'amour. » — Pas moi, protesta un quidam. — Mais le Philosophe parlait de l'animal, lequel n'est jamais vicieux.

Un beau garçon risque fort de ne connaître des femmes que leur sensualité, c'est-à-dire ce qui gâte souvent leur charme.

Vos enfants sont plus frais et gracieux, et, sans artifices, plus beaux que vous, Mesdames : ils ne s'estiment pas des divinités pour cela.

Certaines entrent chez leur amant comme un brutal au bordel.

Amateur d'âmes, ouais ! mais il te faut de jolis étuis.

Aux attitudes d'un être on retrouve un reste de sa posture préférée en amour.

C'est en été, par la chaleur d'une heure après midi, sous les grands arbres, où les moustiques bourdonnent, que Pan nous souffle ses imaginations les plus extraordinaires.

Dans l'étreinte, quatre temps :

I. — Le crescendo rythmique, volontaire, nécessaire ;

II. — Le déclenchement spontané ;

III. — Son contre-coup spasmodique et nerveux qui est le suraigu du plaisir ;

IV. — Enfin, l'épanchement voluptueux, qui satisfait et, déjà, détend.

Après quoi, des répétitions affaiblies de ces quatre temps : acte de volonté pour « écouter » chaque précieux retour et le savourer, — petit déclenchement supplémentaire, — vibration moins vive également, — et re-épanchement ; etc., etc., etc., etc.

C'est comme une miniature des 4 saisons, des 4 âges, des 4 tempéraments. Voire des 4 trinités d'Olympiens : car la savante Athénè, la glissante Aphrodite et l'enthousiaste Apollon président au crescendo rythmique, plein d'espoir, printanier, — le rapide Hermès, le puissant Zeus et l'orgiaque Déméter au parfait déclenchement estival, — l'étincelant Héphaïstos, Arès violent et la cruelle Artémis au spasme suraigu, automnal, — enfin la mystique Hestia, Héra, l'impérieuse et absorbante épouse, puis l'humide, l'avare Poséidon à la libation fécondante.

Tels hésitent à se prendre, sachant que c'est commencer à se perdre.

A Musset toutes devaient être des Sand, comme à Sand tous devaient être des Musset.

L'homme est un fruit à coquille, et la femme un fruit à noyau : plus dur au dehors, l'homme se trompe, nécessairement, à cette douceur externe, où le surprend bientôt une résistance de pierre cachée, — sacrée.

Romanesques, elles considéraient le poil : barbe pittoresque, crinière ou mèche fatale ou toupet inspiré, moustaches non abrégées. A nos sensuelles, il faut la viande : bonne et solide, de forte qualité, saine et lourde, qu'elles auront à étreindre, empoigner et claquer ; voire, à d'aucunes, comme aux tourlourous, il la faut adipeuse, gélatineuse. Mais les passionnées, rageuses et âpres, souhaitent d'être serrées, meurtries (non sans nuances), brisées pour s'y mieux roidir, et quasi éventrées. De souples et taciturnes recherchent le squelette et sa dureté.

L'homme poursuit plutôt une émotion d'ordre plastique, la femme une émotion d'ordre musical, moral. Aussi se fait-elle belle, et lui surtout noble, vaillant.

Il sonne également une « heure de la bergère ».

Aimerions-nous autant les objets de notre tendresse, s'ils n'étaient pas périssables ?

La Mort nous aurait donc dotés du cœur...

Aimer exclusivement n'est pas aimer le plus. Et l'un ni l'autre ne sont encore aimer le mieux.

Elle marche à l'amour comme le héros au feu. Mieux : n'y sera-t-elle pas sûrement meurtrie ? et elle s'expose à la mort, à la certaine torture pour te donner tes enfants.

Ote ton chapeau, mon ami.

Nous honorons la descendance d'un grand homme, les Chinois anoblissent au contraire ses ancêtres. Au socle de son buste, sculptez sa muse : sa maîtresse.

Un homme n'est que la résultante de plusieurs femmes : mère, sœur, maîtresse, amie. Il vient les représenter dans l'assemblée des hommes.

L'homme pense en ligne droite, la femme en spirale.

La pensée des femmes ne procède point par syllogismes pédantesques, mais par états d'âme réels. Elles n'attachent aucune importance à ces raisonnements dont nous sommes fiers à la façon d'écoliers et qui leur apparaissent tous également sophistiques : c'est même là que, pour elles, réside le mensonge. Ont-elles tort ?

En tout cas, voilà comment les deux sexes, avec la plus entière bonne foi, se soupçonnent réciproquement d'en manquer tout à fait.

Oui, d'états d'âme se compose leur méditation, non pas de mots ni de formules. Il faut, pour les suivre, se mettre en ces états d'âme et s'y laisser voguer.

Leur bavardage n'a pas une autre signification que... la musique.

L'homme raisonne mieux, mais bien souvent c'est la femme qui a raison.

Qui veut convenablement parler à une jeune femme, il se doit d'abord persuader qu'il en est secrètement épris.

On aperçoit jusque dans les questions les plus élevées, comme trois tempéraments de la femme : la Couturière (Athénè, sémite), la Femme de Chambre (Aphrodite, japhétique) et la Cuisinière (Héra, chamite).

Le roman dont elle vous fait l'éloge contient le programme de l'affection qu'elle vous offre.

Persuadées par l'art moderne que l'homme est laid, elles l'aiment encore avec leur cœur.

Plutôt, parfois, que de le laisser en paix, elle le poussera dans les bras d'une rivale. Car elle a plus peur de l'indifférence que de la trahison, d'où il peut lui revenir. La mysogynie le lui enlève tout entier.

Rien ne ravit et n'étonne plus une femme que d'être regardée au front.

Mais l'insulte qui ne respecte en elle que l'avouable.

Coquetterie : escroquerie sentimentale.

Que de candeur dans le prix fixe de la fille !

Aimer : autant jouer avec un grec.

Il est exagéré de dire que leur étaient fermées les carrières de l'instituteur Fabre, du domestique Jean-Jacques, de l'acteur Shakespeare et du mendiant Homère.

C'est seulement dans sa caste des guerriers que Platon veut le communisme des femmes Nous avons cela dans nos garnisons, en somme

Parce qu'un enfant n'a et ne chérit qu'une seule mère, celle-ci n'est pas tenue à n'avoir qu'un enfant. Ainsi dut raisonner pour ses femmes le premier polygame.

Il arrive à la Coquette de s'éprendre d'un groupe d'hommes : l'en sépare-t-on, chacun en souffre moins qu'elle.

Polyandre, elle n'est pas si loin que l'on croit de la Religieuse se dévouant à tout son hôpital.

Caissière dans un café d'habitués, institutrice de village, cantinière, actrice se baignant dans l'amour d'une salle transportée d'admiration, — mère éperdue de tous ses petits, — ah ! que tu as peu, Molière, compris Célimène !

A écouter une femme de génie, l'ami éprouve que, par l'âme, ils se dévorent l'un l'autre : ces prunelles dilatées d'enthousiasme, quel amant a jamais senti pareille brûlure ?

Si rugueux d'aspect deviennes-tu avec l'âge, il te demeurera cette large consolation de ne déplaire pas aux petits enfants, de qui le goût n'a pas encore été pourri, ni de jurer, non plus qu'un vieil arbre ou un rocher, parmi la Nature.

Souvent la passion qu'un esprit haut éprouve pour l'amitié en fait une proie, une dupe : et ce n'est pas une petite gloire à la Femme que de le délivrer alors de ces tyranneaux.

— Il n'est pas bon que l'homme soit seul, pensa l'Eternel.

—Grand Dieu ! s'exclaffe un irrévérencieux, que se serait-il donc passé de pire, au Paradis, sans Eve et sa pomme ?

Eve : « Adam eût été *pire que Lucifer*. Et sans ma fille, l'Immaculée, il n'y aurait eu ni incarnation, ni rédemption jamais, ni même leur fermentation chez les plus aveuglés païens. »

IV

DEVANT LE PROBLÈME

Quelle audace, toute médiévale, d'avoir intitulé « Imitation de Jésus-Christ » un chef-d'œuvre aussi indépendant de l'Evangile !

« Fuyez la société des femmes » : et Jésus ne l'a évitée ni pour lui-même ni pour ses disciples qui en emmenèrent partout avec eux, qui partout s'adressèrent particulièrement à elles et s'en firent de si puissants moyens de propagande...

« Gardez-vous de quitter votre cellule » : et Il vivait en vagabond et Il dispersait ses apôtres, ses missionnaires à travers le monde entier !

Etc.

Du Nirvana où aspirent les bouddhistes, « l'Imitation » nous fournit la recette non pas future et problématique, mais pratique, immédiate, avec l'égorgement du « moi » devant Dieu.

Le catholicisme n'est que l'expression la moins imparfaite du Divin : au lieu d'un superlatif absolu, souviens-toi d'y voir un superlatif relatif, — le seul qu'admette sa langue, le latin.

Tel est chrétien, hélas ! à la façon de Judas. Mais fussent tous les mathématiciens des scélérats, il n'en demeurerait pas moins que 2 et 2 font 4.

Dans toutes les générations, il y a eu des incrédules, des athées ; néanmoins, infiniment plus de grands hommes se sont montrés pieux qu'il n'y en a eu d'impies.

Presque toujours, autour d'une mort, l'au-delà s'entr'ouvre, avec une simplicité saisissante, et il semble que nous soyons doués, pour quelques heures, d'un sens nouveau : des coïncidences inexplicables, des pressentiments au sujet de choses presque indifférentes parfois nous surprennent et nous font comme signe.
Et puis tout se referme.

Prière : rut de l'âme.
Prière : école du désir infini !

S'écrier « Mon Dieu ! » c'est déjà croire au miracle. C'est déjà nier l'inexorabilité des prétendues « lois » de la nature, et n'y admettre que... des coutumes. C'est déjà s'affranchir !

Prière et Action de grâces : aspiration et respiration de l'âme, sans quoi elle commence à s'asphyxier, c'est-à-dire à s'empoisonner de son propre travail.

Bons exercices pour la sérénité.

Quand tu rencontres un Infirme, un Difforme, prie sans retard que leur soit allégé leur fardeau.

Quand tu te heurtes au Méchant, vite prie Dieu qu'il le guérisse de son mal et te préserve, toi, les tiens, ton pays, de ses coups sans les lui retourner.

Prie pour tout être que tu vois à une tâche pénible : oui, même pour l'animal et la plante, sans cesse en quête de proie et en l'épouvante de le devenir.

Et prie pour la Passante qui s'est faite jolie afin de t'embellir ce monde...

Athée, la Chine s'automatisa comme l'insecte, si « social » soit-il. L'automatisme n'a peut-être pas d'autre origine.

Sophocle : « Ne pas être vaut mieux que tout ».

L'Imitation de J.-C. : « De vous-même, vous tendez toujours au néant. »

Que cela est vrai ! O Schopenhauer, ô Çakya-Mouni, nous ne désirons tous, au fond du cœur, que l'anéantissement : il est le but, ô Wagner, de toute volupté, de tout amour, et vers lui jaillit le cri nostalgique de toutes nos souffrances.

Nous aspirons à la banqueroute, parbleu !

Jésus seul a osé nous convoquer à quelque chose de plus extraordinaire, à la Joie de Vivre sans limites, éternelle, acquittée, triomphale, à l'Absolue Victoire : car combien les élysées païens, semés de tristes asphodèles et de regrets, restent pâles devant cela, et nigaudes les houris du lupanar musulman !

Et c'est ainsi que le Christ s'est démontré la Voie et la Vie des âmes, le Ferment d'énergie indomptable depuis deux mille ans, qui a fait l'Occident, la Civilisation enfin durable. Il est notre instinct même de conservation.

La théologie seule a su élever l'âme des foules jusqu'à la plus haute métaphysique.

Combien de situations nous paraissent intolérables, qu'envierait cet agonisant que nous serons un jour !

Que de mal ils se donnent pour savoir si la vie du Christ a été remaniée en vue d'être conforme à l'idéal messianique, ou bien si l'on a remanié les textes de celui-ci pour les mettre si étonnamment d'accord avec la vie de Jésus !

Ils ne peuvent concevoir que, comme il y a un nombre restreint de situations dramatiques par exemple ou d'éléments chimiques ou de formes du syllogisme, il y a de même un certain et unique Idéal d'Existence — d'où l'universel prestige de cette biographie sans égale.

Nos heureux glissent volontiers vers le bouddhisme parce qu'il leur attribue d'avoir mérité leur fortune... en quelque autre existence.

Justification précieuse à l'égoïsme !

— Le Diable n'existe pas.

— A qui attribuez-vous la souffrance ? à Dieu ?

— A nous-mêmes : à nos fautes.

— Et la souffrance des innocents ?

— Heu !.. ils souffrent par solidarité.

— Et les pauvres bêtes ? et la nature entière ?

Pas un seul monothéisme, si rigoureux soit-il, — juif, chrétien, musulman — qui n'ait dû admettre l'existence des Anges.

Si, dans le Serpent édénique, parlait Lucifer, pourquoi les autres Anges, bons ou mauvais, n'auraient-ils pas agi, parlé dans les autres animaux ? Le Khéroub qui chassa Adam ne signifie-t-il pas un taureau ? on dirait qu'Esope avait de ce temps un obscur souvenir, et l'Egypte. Il est orthodoxe d'attribuer aux Anges la direction des astres. Aussi de les chercher là en priant par une nuit constellée, ces Anges que saint Jean appelle des Etoiles, à les confondre, il n'y avait pas loin. Animaux du zodiaque, animaux des prophètes et de l' « Apocalypse », comment ne penser pas à vous, couchés aux pieds des Dieux ?

Schisme : maladie de la volonté. Hérésie : maladie de l'intelligence. Paganisme : maladie de la sensibilité. Athéisme : paralysie de l'imagination.

Fétichisme : adolescence aux désirs éperdus. Polythéisme : vie galante. Monothéisme : mariage ; hérésies : adultères. Athéisme : frigidité ; nous en sommes là après la Chine décadente, après la décadence latine; et il y eut le positivisme avec son humanité-narcisse, et le renanisme, onanisme et sénile, ô horreur !

Leçon des faits :

Les protestants accusaient de paganisme l'Eglise.

Or, que voyons-nous ? Les peuples latins encore attachés à la même croyance, tandis que du Nord huguenot n'ont cessé de déferler, comme les anciennes invasions, des sectes contradictoires parfois jusqu'à la démence, puis l'esprit dit philosophique, puis le matérialisme moderne.

O historiens, prononcez : le protestantisme est-il source de foi ou bien source de l'incrédulité ?

Le protestautisme fut simplement la rançon de l'Amérique, où se déversaient les énergies de l'apostolat.

L'histoire a présenté jusqu'ici d'une façon positive les hérésies, ces négations partielles, ces atrophies, ou plutôt ces retards sur certains points.

C'est au contraire, chaque fois, la proclamation, enfin explicite, du Dogme, à laquelle elles donnent ainsi occasion et nécessité, qui est la chose positive, neuve, intéressante : chacun apporte une couleur à la civilisation.

Filioque, et voici l'Ogival ; le Catéchisme du Concile de Trente, et voici l'Europe cervantesque, shakespearienne et cornélienne ; le Sacré-Cœur, et voici le romantisme ; l'Immaculée Conception, et voici le féminisme déjà ; Sainte Thérèse de l'Enfant Jésus nous ouvre l'avenir.

Tels dévots voient en Dieu un complice à eux lié par leurs pratiques.

Combient plus noble, certes, le déisme de Rousseau, de Hugo, de Tolstoï, mais si insuffisant !

Ce ne sont toujours que quelques lignes arrachées à l'Evangile...

Dans chaque passant reconnais un système de morale qui va : c'est une chair autour d'un concept théologique ou cosmogonique, avec, pour les relier, tout un appareil amusant et tenace de compromissions très subtiles.

— Voyageur, voici l'ancien centre de notre ville : l'église. Et voici le nouveau : la gare.

— Au lieu du cerveau, le cervelet. Je comprends.

Dans les ménages où n'intervient plus le prêtre, il y a maintenant l'ami de la maison.

Seulement, il n'a pas toujours fait vœu de chasteté.

Bien loin que les vérités morales soient relatives, changeantes, selon les époques et les climats, je n'aperçois, au contraire, qu'elles seules de durables et d'universelles.

Il y a belle lurette que le système de Ptolémée a été précipité dans le gouffre où le suivent les affirmations scientifiques touchant l'Opacité, les Antipodes, l'Horreur du Vide, le nombre des Dimensions de l'Espace, la Non-circulation du Sang, où le suivront bien d'autres encore.

Tandis que les préceptes du Décalogne n'ont pas « flanché » depuis Moïse, et s'imposent progressivement aux nations les plus éloignées du Sinaï.

— Quoi ! vous vous désintéressez de la Guerre ?

— Ne me prêchâtes-vous pas de ne penser pas à la mort ?

On ne saurait trop retarder dans les époques de décadence. Rien ne presse de devenir gâteux.

Cynisme ici et hypocrisie là : avers et revers de la même médaille.

Science aujourd'hui, Eglise hier, ne devinrent

criminelles qu'au service de la Patrie, du pouvoir temporel, — de la politique.

Soyez certains que cette dernière ne manquera pas d'en prendre prétexte pour persécuter un jour les savants, comme elle persécute les religieux.

Il y a, d'ailleurs, eu un précédent : le massaçre des lettrés, en Chine.

La foi se tient devant le philosophe comme devant le critique la poésie. MM. Brunetière et consorts raisonnent si bien ! Pauvre Baudelaire, pauvre Verlaine...

La libre pensée consiste surtout dans la liberté précieuse de ne plus penser à certaines questions... gênantes.

La tolérance philosophique, pourquoi ne la porterions-nous pas dans l'arithmétique ? Qu'il soit enfin permis d'enseigner que 2 et 1 font 5 ou 7 ou 8 ou tel autre chiffre *ad libitum* — sauf 3 parce que les fanatiques mathématiciens qui sont de cet avis se montrent vraiment trop exclusifs et blessent les autres opinions.

Quelles que soient les contradictions entre « la Science » et la Religion, elles n'égalent jamais les contradictions entre cette « Science » et elle-même aux diverses époques de son histoire, dont c'est toute la gloire précisément.

« La Science » n'existe pas : il n'y a que des

sciences, mal rattachées entre elles et trouées de lacunes.

Encore sont-elles de deux espèces. Les unes (sciences mathématiques et physiques, histoire naturelle, physiologie, etc.) présentent des enchaînements de faits vérifiés, où plus ou moins de maillons absents sont remplacés, faute de mieux, par des hypothèses. Mais les autres (géologie, astronomie, paléontologie, ethnologie, philologie, météorologie, histoire des religions et des origines humaines, etc.) présentent au contraire des enchaînements d'hypothèses plus ou moins vraisemblables parmi lesquelles les faits certains figurent seulement quelques maillons.

Néanmoins, ces sciences douteuses, en se donnant, à l'instar des premières, un vocabulaire et un entassement de discussions où le profane se perd, prétendent lui inspirer leurs arbitraires conclusions. Qu'il s'arme de patience, et il ne tardera pas y reconnaître des caprices de coteries et de modes, — voire de basse politique.

S'il existe une vérité, plus les philosophes ont d'originalité et par conséquent de gloire, plus il y a de chances que — sauf un, au maximum — ils se trompent.

Les athées se refusent à croire en Dieu, que d'aucuns assurent avoir vu, mais qu'eux n'ont pas vu. Ils croient au néant que ni eux ni les autres ne sauraient voir jamais.

L'âme, la pensée, se détacher du corps qui la

produit et garder sa signification, subsister sans lui, quelle absurdité !

— Et le message sans fil ?

Progrès automatique de l'humanité, Justice « immanente », compétence du Suffrage Universel, fanatisme de la Patrie moderne (qui n'est plus la cité, visible de bout en bout), — que de superstitions !

Plus nous avons reçu de dons, moins nous avons de mérites, puisque nous sommes, ne l'oublions pas, d'autant plus débiteurs.

Châtiment accepté devient expiation. Car la haute région du Moi en émerge.

En émerge-t-il davantage encore, la même souffrance ne lui est plus qu'épreuve, sport.

Folie : état normal de la nature, et jusque de l'homme primitif, du petit enfant, et de sa conception.

Plus que l'intelligence, — plus que tout, — la morale est notre caractéristique.

N'espérez pas plus en changer les lois que celles de la Nature.

Essayez plutôt de les mieux comprendre en vue d'y plus strictement obéir encore : ainsi seulement se conquièrent des puissances nouvelles.

Il y a une psychologie des nombres. Car chacun préside à un ordre de pensées.

Le temps ? rosaire dont les minutes s'égrènent aux mains de l'Immaculée en prière ?

Qui sait si le temps a toujours eu la même durée ? si le rythme des astres parfois ne s'accélère ou ralentit ?

Le temps n'est concevable que relation de mouvement entre des objets contenus dans l'espace.
Au delà, il ne peut y avoir qu'éternité.

La sélection darwinienne aboutit à un Dieu futur.
Mais dans l'éternité tout ne peut que coexister. Donc Il est.

Déjà, est-ce que, dans ce monde, l'avenir existe ? Pas encore évidemment. Ni n'existe plus le Passé.

Nietzsche : le philosophe de la bamboula.

Stirner a rejeté tous les fantômes — sauf celui du Moi unitaire, qui les contient tous.

Physiologiquement, héréditairement, nous ne sommes qu'une colonie. Spirituellement aussi : un parlement ; non pas une monarchie absolue.
Et le « moi » n'existe pas, — ne peut pas exis-

ter en dehors du simple acte d'option, — d'une liberté : *librare.* Bonne volonté ou mauvaise volonté, rien de plus.

La lumière du jour éclaire la terre, mais lui cache les cieux infinis.

Dieu n'a peut-être mis l'épouvantable Mort sur le seuil de l'au delà que pour nous empêcher de l'envahir trop tôt.

Au fait, ne serait-elle pas le fameux Khéroub de l'Eden, puisqu'effigiée (cf. Lenormant) dans le Grand Sphynx ?

O terre pusillanime, qui t'effrayes de ton ombre : la nuit.

Les hommes n'ont pas pu supporter plus de trois ans la tendresse de Jésus.

V

LA COURSE DES PEUPLES

Et l'humanité ne s'est même pas encore demandé ce qui fût advenu d'elle si elle avait eu la patience de ne crucifier Jésus que 30 ans, — que 3 ans plus tard !

Grappe humaine, est-ce que nous ne sommes pas tous rattachés par le nombril jusqu'à Eve ?

Des militaires se trahissant entre eux, voilà de quoi se fait l'histoire.

A mesure que nous nous éloignons dans le temps, d'un grand homme — Moïse, Homère, Shakespeare —, les preuves *matérielles* de son apparition diminuant, il devient de plus en plus facile de la nier : c'est ce que notre époque appelle les progrès de la critique.

Ils correspondent, chez l'individu, à l'affaiblissement de la mémoire, à ses croissantes incertitudes.

Supposer partiel le Déluge et admettre, avec Lenormant, etc., que seuls, les Ariens, les Sémites et les demi-Sémites dénommés Hamitiques, descendraient des trois fameux couples sortis de l'Arche, offre une contradiction.

Car si ces trois couples ont engendré le demi-milliard que nous voici de race blanche, combien de millions de milliards ne devraient pas être sortis des tribus entières, des peuples entiers qu'aurait épargnés le cataclysme ?

Tout homme ayant deux parents géniteurs, quatre grands-parents, huit arrière-grands-parents, etc., pourrait avoir un milliard et demi d'ancêtres contemporains de Charlemagne.

Faisons le même calcul du passé vers le présent. En supposant même des épidémies et des catastrophes, aujourd'hui oubliées et cent fois plus meurtrières et fréquentes que ce que nous connaissons, il faut de toute nécessité, pour que la terre ne porte encore qu'un milliard et demi d'humains, que la multiplication de notre espèce ne remonte pas bien loin dans le passé.

Chaque peuple — comme chaque individu dans son groupe — ne devrait-il pas avoir, dans une Humanité enfin organisée, sa fonction spéciale, selon ses moyens naturels ?

On dirait qu'il y a eu, aux origines, une tribu de génie, dispersée depuis parmi les autres, mais dont les descendants se reconnaissent entre eux à je ne sais quel air de famille.

Il y a peut-être eu de même la tribu de la Domination, celle de la Prostitution, etc.

Réduire, comme font nos historiens, l'histoire d'un peuple à ses guerres, c'est réduire celle d'un individu à l'examen de son livret militaire ; la réduire à ses accroissements ou pertes de territoire, de bien-être (économie politique), c'est la réduire pour l'individu à son compte de bourse ; la réduire à sa diplomatie, c'est la réduire pour l'individu à ses procès et transactions. Alors qu'avant tout sa vie, c'est celle de son âme, de sa pensée, de ses goûts : celle de la religion, du verbe et de l'art ! Oh, oui, l'histoire est à refaire !

Bizarre « science » que celle de l'histoire !

Qu'est devenu l'Assyrien ? Où s'est envolé le Carthaginois, rival du monde latin ? etc.

Nous n'avons pas d'histoire de France : nous n'avons que l'histoire du gouvernement de l'Ile de France.

Renaissance : retour d'âge de l'humanité. Et nous voici finir l' « été de la Saint-Martin ».

Dynastie des Bourbons : dynastie d'orphelins.

D'où le rôle considérable des femmes dans

leur éducation, préparant celui des maîtresses ou des épouses dans le reste du règne.

De sorte que la France a été, dans sa plus brillante époque, une gynécocratie.

Pourquoi toujours écrire les annales de la Révolution et de l'Empire au présent de l'indicatif ? Espère-t-on ainsi les empêcher de vieillir ?

La Terreur : époque non pas tant de terribles que de terrifiés, de lâches.

Quoi ! laisser emmener, qui sa mère, qui sa maîtresse, qui son enfant à la guillotine, sans jamais tuer les sbires ?

Bassesse incomparable ! Cela, une aristocratie d'épée ?

Comparez avec les petits bourgeois de 1871 !

La Révolution, en tant que mouvement populaire, tint peut-être aux premiers effets de l'alcool, qui se popularisait alors : ainsi s'explique son mélange de férocité et de sensibilité larmoyante.

Si Napoléon n'était tombé que cinq ans plus tard, il eût encore envoyé à la boucherie (après tant de génies que nous ne connaîtrons jamais et dont il nous a volé les bienfaits) non seulement Corot, Barye, Jouffroy, Auguste Comte, Michelet, Léopardi, Balzac, Vigny, Delacroix, Paulin Paris, Jacquemont, Gavarni, Hugo, Lacordaire, Dumas, Mérimée, Berlioz, Sainte-Beuve, Decamps, — mais les hommes qui devaient engendrer Gustave Doré, Bonnat, Manet, Cladel, Vallès, François Lenormant, Saint-Saëns, Charles Garnier, Delibes, Villiers de l'Isle-Adam, Becque, Bizet, Dalou, Fouillée, J.-P. Laurens, Sully-Prudhomme, Zola, Rodin, Mallarmé, Sarah Bernhardt, Sorel, Verlaine, Camille Lemonnier, Anatole France, Corbière, Rimbaud, Bastien-Lepage, Daudet et tout le reste du « stupide XIXe siècle » comme dirait son fils, — et la presque totalité de nos savants, soit dans leurs personnes, soit dans celles de leurs pères, ou les médecins qui les devaient arracher à la mort.

Donc Waterloo a sauvé la plus grande époque de la France.

C'est à peu près sous Louis-Philippe qu'il a fait le meilleur vivre pour un homme instruit et sans fortune.

Les siècles brillants et dissolus, y compris misère à leur base, alternant avec des siècles plus graves, le XXe fera regretter le XIXe.

Au moyen de la banqueroute (stabilisation, etc.), l'Etat récupère, et au delà, vers le début de chaque siècle, les sommes versées en rentes dans l'intervalle.

Et je ne parle pas des confiscations, spoliations, etc.

Industrie : escroquerie par les pays pauvres aux dépens des contrées naturellement heureuses. Elle échange en effet des objets d'utilité *secondaire*, et répondant surtout à des besoins acquis, contre les denrées indispensables aux besoins premiers, absolus : de ces dernières le prix haussant, on recourt à l'ersatz, également industriel. Le prolétariat s'étend comme une contagion, la nature est souillée et la vie assombrie jusque sous le plus clair azur.

Le citoyen antique, sur l'agora, votait pour des faits : il agissait. Le prétendu citoyen moderne vote pour des personnes : il subit ; ce n'est qu'un sujet, non plus seulement de corps toutefois, mais de consentement.

Dans le langage de notre populace (n'oublions pas qu'il y en a toujours une), *artiste* et *poète* — ils prononcent *pouate*, avec dégoût ! — sont des injures.

Les peuples finissent aubergistes.

Grands peuples ! Je vis un Juif marchand d'habits, un Grec de baccarat et un Romain de la claque : vers eux s'avançaient un « Français » (commis-voyageur) et un Suisse de cathédrale.

La politique, c'est le nombre contre le droit, le fort contre le faible.

Un peuple très malheureux ne se révolte pas.

L'Etat est éphémère. L'Individu seul est immortel, crie la Foi.

Par le socialisme, l'Allemagne a recommencé la tentative avortée dans son protestantisme et précédemment dans son gibelinisme : l'invasion et décomposition morale qui, dans le monde latin, prépara la ruée barbare.

National, nationaliste = *ethnicus, gentilis* = païen.

Notre humanité de luxe et de misère : une femme qui se farde et ne se lave pas les pieds.

Les deux Empires nous ont amené l'invasion, et les trois Républiques la ruine.
Confirmation du *Syllabus?*

Ce que les races germaniques n'auront jamais donné : un Bouddha, un saint Jean l'Evangéliste, un saint François d'Assise ni un saint Vincent de Paul. Elles sont donc moins *humaines* que l'Hindoue, la Juive, l'Italienne et la Française.
Elles ont donc moins droit à l'hégémonie.

Demeure des Phrygiens, comme l'Anatolie ressemble de forme à la Bretagne, terre des Celtes issus aussi de Riphat !

De Kymè vinrent la mère d'Homère et le père d'Hésiode.

Dès avant les Invasions, l'empire romain était aux mains des Barbares (empereurs, généraux). Et c'est cela, en effet, qui est la décadence.

O menteuse histoire, le Dante n'était pas gibelin : c'était un guelfe blanc.

Fier d'envahir Paris, notre Midi, stérile en grands hommes, taxe de réactionnaires, — après ces géniales provinces, la Normandie et la Bretagne, — l'Alsace à son tour.

Nationalités : débris d'une religion.

On a beaucoup disserté sur les Dolmens, leur origine et leur but. N'étaient-ils pas simplement enduits de chaux, qui sera tombée, emportant les inscriptions qu'on y avait tracées ? Voyez *Deutéronome*, XXVII, 3.

Infiltration de la pensée hébraïque en Grèce. Au VIIIe ou VIIe siècle, les Phéniciens, d'après le prophète Joël, vendaient leurs captives de Judée aux Grecs. Et la tribu de Benjamin avait, en grande partie, au temps de la Captivité, franchi l'Hellespont.

Quel service Brutus rendit à César !
Il allait vers son Waterloo, et l'histoire lui réclamerait (au lieu qu'à Varus Auguste) ses légions.

Cæsar a pour étymologie *cædere*, tuer : c'est

le meurtrier, l'héritier de Caïn, le père des Kaisers.

La fin des Latins ? Eh ! ne voyez-vous pas que ce sont les blonds qui disparaissent !

Les *Stromates* de saint Clément d'Alexandrie : premier manifeste du mondialisme.

La politique permet aux coquins de se distribuer les honnêtes gens comme une proie.

Seuls, au contraire, les peuples heureux ont une histoire ! Ne nous laissons pas tromper aux petits combats des Grecs, rixes emphatiques. Il n'y a pas d'histoire des Boschimans ou des Australiens.

Les grandes générations n'ont jamais été que celles à qui on laissa porter leurs fruits, entre deux époques d'imbécile destruction guerrière.

Y aurait-il tant lieu de nous enorgueillir si le canon de Valmy avait tué Gœthe ?

Il n'y a jamais eu qu'une tyrannie : le Nombre. Car le César romain n'était que son élu, son symbole et son outil.

Et le Nombre n'a jamais eu qu'une haine : pour l'élite, pour le clerc, la « vache d'intellectuel ».

De même que le vol mène à l'assassinat, toute politique mène à la guerre.

Il n'y a pas de nationalités : il y a des unités linguistiques.

Aux ignorants comme aux enfants tout semble normal. Ce n'est pas un mince avantage dans des temps bouleversés.

— Nous t'imposerons de voter ! Nous compterons pour nous tout bulletin facétieux ou nul.

— Naturellement. Mais j'inscrirai sur le mien le candidat sans aucune chance.

Le Maitre. — Je domine la nation !
Le Pou. — Et moi je te domine.

Quelques précisions :

A Augsbourg, le salaire quotidien, dans les années ordinaires, égalait le prix de 5 ou 6 livres de la meilleure viande. (Janssen, *l'Allemagne à la fin du Moyen-Age*, t. I.)

Le règlement de maison établi pour Berthold de Henneberg porte : « Tout *journalier*, qu'il travaille aux champs ou ailleurs, aura le matin une soupe et du pain ; à son dîner : une bonne soupe, de la bonne viande, des légumes et une demi-cruche de vin ordinaire ; le soir : de la viande et du vin... En Saxe, il lui faut d[illegible] jour 4 plats (dont 2 de viande) et, [illegible] gres, 5 plats (soupe, 2 poissons [illegible] France, même régime écon[illegible] nel, *passim*), ainsi qu'en Flandre, en Italie, etc.

Voilà pour la « misère ». Voici pour la « malpropreté » :

A la fin du XIIIe siècle, il y a, à Lubeck, un établissement de bains dans chaque rue. Toute bourgade à marché, chaque village même a le *sien*. Les ouvriers s'y rendent ordinairement chaque samedi, — commençant ainsi dès vêpres (sous peine d'amende) le repos dominical. On disait un *pourbain* (badegeld) comme on dit aujourd'hui un *pourboire* (trinkgeld). « Les ouvriers jouaient, au lieu d'un verre, un bain. » On laissait volontiers après sa mort une somme destinée à fonder un bain annuel pour les indigents : ce qu'on nommait un « bain d'âmes ». Ils pouvaient de la sorte y aller au moins tous les 8 ou 15 jours. Ils s'acquittaient en prières (1).

Et il en était de même partout avant la Réforme et la renaissance du droit romain, inaugurées l'une et l'autre pour autoriser de nouveau l'usure, l'absolutisme de l'Etat sous ses diverses formes (représentative, monarchique, etc.) et l'écrasement du Pauvre, sans merci.

La majorité ? Mais elle s'abstient de voter : donc vous n'êtes pas élus.

Ne médisons pas de Byzance : le basileus ne s'enfuit pas à Bordeaux.

Démocratie : automne d'un peuple.

---

(1) Cette monnaie n'a plus cours.

Où trouver des familles aussi constamment méprisables que celles des souverains?

Si c'est le nombre qui a raison, de quel droit résister à des peuples plus nombreux ?

Galons, décorations, insignes : tatouages par-dessus le vêtement dans les pays froids.

Qu'a perdu l'Ecosse à devenir anglaise ? La conquête romaine permit à la Grèce de renaître. La grandeur de la Pologne date de ses désastres. Vercingétorix nous aurait maintenus dans la stupidité.

L'excellent Plutarque était un « embusqué », comme notre Michelet...

Et Homère. Combien on devait s'ennuyer devant Troie !

Ainsi qu'aux temps de Frédéric et de Napoléon, Werther, René et tous les héros de Byron.

« Sans reproche », Bayard ? Et les enfants que, pour ta gloire, ont bombardés tes soldats ?

Que de conquêtes, don Juan,... contaminent !

Haine : fille de la peur.

A compter juste, l'instigateur d'un meurtre ne *doit*-il pas autant d'années d'expiation qu'il en a détruites d'une vie humaine, autant de souffrances qu'il en a imposées ?

Calcule, Hohenzollern, là-dessus la durée de ton futur supplice.

Pourquoi ne pas élire, en face du Parlement masculin, afin de le critiquer, un Parlement féminin ? Et surtout, en face du Parlement des incompétences, un Parlement de compétences ?

Anticléricalisme et militarisme, Voltaire et Napoléon nous ont valu... la Prusse.

A seulement quatre enfants par génération, il sortirait d'un seul couple, en trois siècles et demi, deux cent cinquante millions de Français. Oui, mais les nourrir ?

Il n'y a besoin d'aucune autorisation à un homme pour qu'il se prostitue à une femme — que dis-je ? à un autre homme ! — et il en faut à une femme pour se prostituer à un homme.

En tant que contrat, le mariage avec une vierge est sans valeur puisqu'elle est censée en ignorer les conditions.
Et les témoins se rendent les complices d'un abus de confiance.

Que le nom de famille se transmette par les femmes et non plus par les hommes : et il n'y aura plus de bâtards, — d'innocents déshonorés, spoliés.

La loi réside moins dans ce qu'elle dit, souvent, que dans ce qu'elle tait : l'Inquisition livrait, avec un mutisme trop célèbre, le coupable, intact, au bras séculier, c'est-à-dire laïc, sanguinaire. Le Propriétaire moderne lève, sur le peuple locataire, le plus redoutable des impôts : car, expulsé, le vagabond-malgré-lui tombe « sous le bras séculier » qui, par ses gendarmes, le guette et, par ses magistrats, l'emprisonne et le déshonore d'un casier judiciaire.

Cours à fonder dans nos écoles, et le plus utile : l'Art de vivre à bon marché. Mais il faudrait le documenter sérieusement, le confier, voire, à des indigents authentiques — du coup promus à leur mission : celle de résoudre le problème social.

Ainsi débuta le monachisme érémitique.

Depuis des millénaires, l'humanité se dispute férocement un peu de nourriture. Et, depuis plus longtemps encore, l'Océan dépose, chaque jour, à ses rivages un immense festin de crustacés et de coquillages, auxquels elle daigne à peine toucher.

Les rois homériques se réservaient la cuisine et les soins médicaux. Ils laissaient à leurs femmes le blanchissage et l'industrie du costume.

L'avenir, de tout temps, appartient aux esclaves.

Fortune et Pouvoir : responsabilités à l'égard du Faible. A craindre donc plus qu'à souhaiter.

Le Chinois rit de voir un Européen aller et venir en attendant sa voiture : volontiers nous traitons d'enfantillages les mouvements où s'agitent encore celles de nos facultés intellectuelles que nous avons, depuis l'enfance, négligées.

Les passions politiques sont bien moins les causes que des prétextes à la haine jusqu'alors voilée.

Ce que tu prends pour une attitude arrogante, ouvrier, c'est le simple redressement des épaules, courbées, pendant des heures, avec une obstination au travail que tu ne connais plus.

— Si tu penses, intellectuel, au moins épargne-nous la douleur que nous nous en doutions !

Tel ouvrier, à forts salaires, abandonnera au bureau de bienfaisance, à la misère, ses parents ; même ne travaillant que huit heures, il laisse pousser ses fils — et ses filles — à même la rue. Bon pour l'artiste d'aspirer à un atelier ! il commence à nommer le sien un bureau : il s'y rend en complet clair, bien coupé. Il considère qu'il a droit à l'alcool et au tabac quotidiens, mais en trente-six ans d'enquêtes chez les ouvriers, je n'ai trouvé que deux fois quelques livres : en revanche, quelle quantité de journaux de courses ! Et de sports : car il lui faut bien s'y reposer de son écrasant « travail », n'est-ce pas ?

L'ouvrier, c'est l'homme qui, à l'école primaire, refusa d'apprendre le peu qui eût suffi pour réussir dans un examen administratif, — pour devenir un « bourgeois ».

D'où sort la classe ouvrière ? Ce sont les rebutés de la campagne.

Encore ne faut-il pas confondre l'Ouvrier avec le Journalier. Le premier est riche : typographe, il gagne trois fois plus que la moyenne des écrivains, ou, électricien, cinq fois plus que le savant. Et si vous l'entendiez jeter au Journalier cette injure : *Purée !*

Mais c'est le règne du Journalier qui arrive.

Le « travailleur » ? Ce n'est pas le forçat, mais l'homme qui *aime* le travail.

Bien plus d'ouvriers s'occupent à des travaux nuisibles (liqueurs, falsifications, etc.) ou réellement inutiles qu'il n'y a en tout de bourgeois.

Simpliste, l'anarchie nous a laissé plus clairement voir, dans tels de ses échantillons, l'identité de l'homme politique et du malfaiteur.

— Et pourtant, n'es-tu pas anarchiste ?
— Oui, certes... jusqu'à la Théocratie. *adveniat regnum tuum.*

L'invention est individuelle, et l'imitation sociale.

La vieillesse d'aucun être n'étant voluptueuse, quelle probabilité à ce que le soit celle du genre humain?... D'autant qu'il ne possède pas précisément un passé pur, ni ne songe à économiser santé ni biens (forêts, charbon, etc.) pour ses derniers jours. Des inventions — bésicles ou béquilles — ne valent pas de bons yeux ni de bonnes jambes. Il a assassiné le meilleur de ses fils, torturé les plus nobles et lâchement piétiné les faibles.

Ah ! ruines, gardez l'air jeune du Parthénon.

A chaque décès, il faudrait, sur l'acte qu'on en dresse, résumer en cinquante lignes la biographie du défunt. Pourquoi les familles n'auraient-elles pas leurs chroniques ? Ainsi s'assembleraient des documents pour la science de l'hérédité, pour l'histoire enfin authentique, stimulant cet orgueil du sang si utile au vrai progrès, créant la dignité du plus humble et lui inspirant le désir de laisser un souvenir pur.

Pas d'épithètes : des faits précis. Pas de titres, pas d'actions collectives : l'effort personnel.

La vraie prospérité coïncidait, en la forte Rome, avec la vieillesse, qui seule en a besoin et dont s'inaugurait, d'ailleurs, très tôt le règne.

Voulez-vous sincèrement augmenter la population ? Que chaque enfant fournisse un sérieux revenu au père, à la mère — ses premiers créanciers en somme.

Mais l'Etat moderne a dépouillé ceux-ci de ce droit naturel et avili celui-là, qui ne peut plus à son tour, que par la stérilité ou le célibat, s'assurer l'avenir.

Ainsi le Catoblepas se mange les pattes.

Société qui « obéit à son évolution naturelle » : pochard qui se contemple dégringoler un escalier.

Il n'y a pas de races plus jeunes que d'autres. Par contre les castes sans passé, sans gloire, les peuples paresseux à se civiliser sont disposés à le croire.

Nous avons une Bourse des Valeurs, une Bourse du Commerce, que dis-je ? une Bourse des Timbres-Poste. Qui nous donnera une Bourse des Idées ?

Je la verrais volontiers sous les galeries du Palais-Royal.

Qui nous donnera un Collège des Traducteurs ? A toute page, toute idée de valeur au monde, qu'il y ait une place dans la langue française !

Songez que ni Dante ni Gœthe ni maint Grec n'y sont encore en entier !

Toute la philosophie antique a préconisé la république aristocratique : mais Pythagore, Platon ni Aristote n'entendaient autre chose par là que le règne de l'élite, des « meilleurs », de la « classe instruite ». Et les vertus, les connaissances que Platon — ou, pour mieux dire, Socrate — en exige sont exactement celles demandées aux « clercs » du Moyen-Age : vertus cardinales, quadrivium, etc. ; il donne à cette élite, pour appui, la classe, très restreinte, des guerriers, dont il exige qu'ils n'aient ni famille, ni biens personnels, ni volonté propre : ne sont-ce pas les conditions d'une chevalerie religieuse ? Il subordonne d'ailleurs toute la cité à l'idée de Dieu.

L'Eglise paraît donc s'être efforcée à réaliser la grande pensée socratique, disons la grande pensée grecque (1). A ce « règne de Dieu» réclamé par le *Pater* et où aspire inconsciemment l'humanité, ont travaillé ses Guelfes, puis — lorsqu'une partie d'entre eux, les « noirs », dévoyés par nos derniers Capétiens directs et nos Valois usurpateurs, se furent « gibelinisés » — ses Guelfes blancs — et depuis, involontairement, tous les révolutionnaires de tous les pays ;

(1) Emule des Prophètes juifs, Socrate ne montrait-il pas (Rép. II, 3) « le Juste », lorsqu'il paraîtra parmi les hommes injustes, « fouetté », « chargé de fers », et... « mis en croix » (alors que le supplice athénien était, non la croix, mais la ciguë) ?

comme les organes, comme les étages du corps l'individu, les régimes successivement l'emportent en force... et s'écroulent, mais à travers eux n'en monte pas moins, les vivifiant tour à tour, la grande Idée, la jeunesse immortelle de l'éternité : *ad Deum qui lœtificat juventutem meam*, répète, chaque matin, pour tous, le vieil Apôtre, en montant à l'autel.

FIN

TABLE

Première Partie

Deuxième Partie

Imp. RAMLOT et Cie, 52, Avenue du Maine, Paris. — 1929.

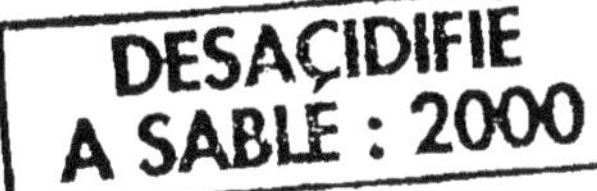

LES CAHIERS CONTEMPORAINS

sous la direction de Fernand DIVOIRE

La Collection des CAHIERS CONTEMPORAINS est issue de la collaboration des hommes les plus susceptibles d'apporter un témoignage représentatif, tantôt d'une longue et illustre tradition, tantôt d'une innovation intellectuelle digne d'être signalée.

La première série de six Cahiers est terminée. Elle comprend les plus hauts problèmes philosophiques, religieux et sociaux. Il n'est pas trop hardi d'avancer qu'elle contribuera éminemment à fixer l'attitude mentale du XXe siècle après la grande guerre.

Le No 1. — **Ce que je sais de Dieu**......fr...10.—

Jamais les différences entre catholiques et protestants, quant aux méthodes de démonstration, et plus largement la différence entre toutes les grandes familles d'esprits dans leur manière d'aborder l'énigme suprême, n'avaient été mises en meilleur relief.

2e Cahier. — **L'Homme après la Mort**......fr. 15.—

Recueil des opinions les plus autorisées sur les problèmes de la survie et de l'immortalité de l'âme. Les perspectives ouvertes dans ces pages sont immenses.

3e Cahier. — **Au delà de l'Amour**........fr. 12.—

L'amour physique est connu de tous. Mais le geste de l'amour est-il un moyen pour l'être humain d'entrer en communication avec des réalités d'ordre supérieur, ainsi que de nombreux philosophes l'ont cru ? Tous les hommes vont vers l'amour comme vers quelque chose de sublime. Tous ont l'intuition sourde que c'est de lui que naissent les plus hautes révélations. Ont-ils raison? Ont-ils tort?

4e Cahier. — **La Femme émancipée**......fr. 12.—

La femme, libérée de l'éducation « refoulante » d'autrefois, sera-t-elle dans le monde à venir un être nouveau ? D'ores et déjà qu'y a-t-il de changé en elle? Idées, sens de l'amour et de la famille, ambitions? Ses conquêtes la destinent-elle à la liberté ou à un renouveau d'esclavage?. Voici les espoirs des femmes, ou leurs déceptions, pathétiquement exprimés par les plus notoires d'entre elles, celles qui, **dans le monde entier**, ont étudié avec le plus d'attention et de compétence, la situation des femmes d'aujourd'hui, l'âme des femmes d'aujourd'hui.

5e Cahier. — **Les Miracles de la volonté**....fr. 12.—

La volonté est-elle vraiment une force intérieure que l'homme peut cultiver et qui, développée, peut être précipitée contre la résistance des circonstances extérieures, l'hostilité des hommes? On connaîtra mieux ses possibilités quand on aura lu ce cahier.

6e Cahier. — **Ce que j'ai appris à la guerre.** fr. 12.—

Tous les collaborateurs de ce Cahier ont été des combattants-conducteurs d'armées ou soldats. Au nom de cette estime que ceux de 1914-1918 éprouvent les uns pour les autres, aucun d'eux ne blâmera l'éditeur qui a voulu inscrire sur la même couverture les noms d'hommes différents par leurs grades, leurs tendances et leurs nationalités, par ce fait même qu'ils ont fait la guerre.

Imp. RAMLOT et Cie, 52, Avenue du Maine, Paris. — 1929.

www.ingramcontent.com/pod-product-compliance
Ingram Content Group UK Ltd.
Pitfield, Milton Keynes, MK11 3LW, UK
UKHW021135260726
13994UKWH00001B/152